POPのお悩み
解決します

森本 純子

すぐ書ける！
稼ぐPOPのつくり方

同文舘出版

「稼ぐPOP」をつくろう！

スタッフの声POP

店主自ら商品を体験したリアルな感想を伝えることで、情報の信頼性が増し、お客様の「自分も試してみたい」気持ちを高めてくれます。また、お客様が店主に質問をしやすいしくみづくりにもなります。

お客様登場POP

店内にたくさんのお客様の顔写真があることは、多くのお客様に支持されている証です。新規のお客様は安心でき、常連のお客様は自分の写真があることで、親しい人にクチコミをしやすくなります。

食べ方提案POP

食料品は商品そのものを紹介するだけでなく、どのように食べるとおいしいのか？ 楽しいのか？ など、食べ方・飲み方提案をすることで、お客様の期待感やワクワク感を高めることができます。

当店イチ押し

そのままでも美味しいけれど

① アイスを挟む
　→ お子さんに大人気！
② チーズを乗せて焼く
　→ スペシャルおつまみに！
③ りんごジャムを乗せる
　→ アップルパイみたい！

40枚入りだから色々試せます♪

めちゃくちゃ売れてます！

今話題　365ハンドクリーム　入荷しました‼
人気のため完売になることがあります。

人気商品POP

すでに売れている人気商品や、SNSで話題になっている商品は、店頭でしっかりとアピールすることが大切です。新規のお客様の期待感を高めることができます。

お客様の心をつかむ商品POP

ターゲットピンポイント訴求POP

食材は、産地・食感・味・香りなど、商品特徴をターゲットのお客様に合わせて訴求することで、お客様の購買意欲を強められます。

専門商品POP

専門的な商品は難しい説明よりも、スタッフやお客様の体験談を通して伝えたほうが、お客様が使用場面をイメージしやすく、商品に興味を持ちやすくなります。

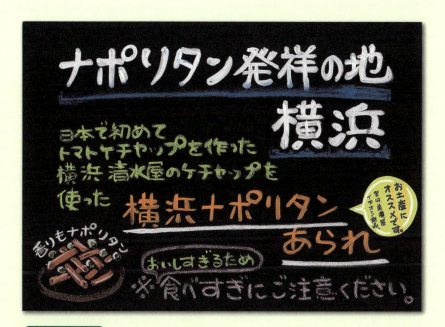

| **歴史紹介 POP** | 商品を取り巻く歴史や物語は、その商品へのこだわりや評判の高さを伝えやすく、お客様のワクワク感を高めることができます。 |

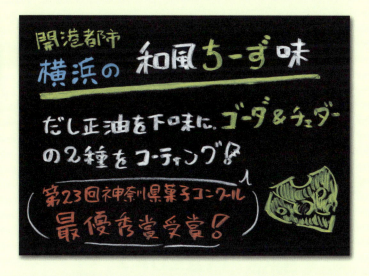

| **受賞歴 POP** | 受賞歴のある商品を伝えることは、その商品への安心感だけでなく、お店への期待感にもつながります。 |

「人」で引きつけるPOP

スタッフ紹介POP

スタッフ紹介は名前だけでなく、趣味なども公表することで、お客様は親近感を覚え、スタッフとお客様の距離を縮めることができます。

スタッフの顔POP

お店で働いているスタッフの顔があることで、商品を身近に感じます。また、吹き出しをつけることで、実際にお客様へ語りかけているように感じ、親しみが持てます。

イラスト（人物）POP

ターゲットとなるお客様が興味を持つ人物は、イラストとして登場させても視線を集める効果があります。

パートさんオススメPOP

お客様は、「お店で働くスタッフは、このお店のプロだ」と思っています。プロであるスタッフがオススメする商品は、安心して選ぶことができます。

お客様の声は最強のキャッチコピー

常連のお客様の声POP

接客や品揃えなどを日頃から観察している常連のお客様からのお褒めの言葉をPOPで紹介することは、新規のお客様の安心感につながります。

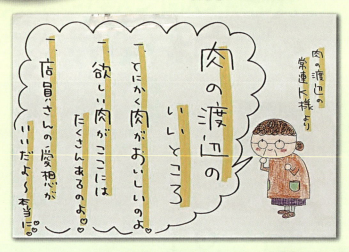

体験談POP

お客様が体験して最初に出した言葉は素直な感想です。そのままキャッチコピーとして書くことで、リアルさとインパクトを強めることができます。

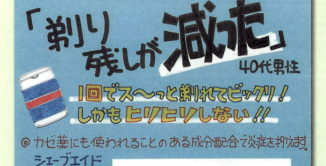

お客様の声募集POP

売り場でお客様に商品の感想を書いていただくことで、お客様の滞在時間を延ばせ、お店に活気が生まれます。また、その場で書くことで、お客様の面倒くささを軽減できます。

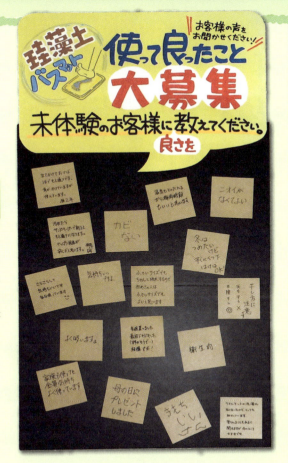

投票POP

売り場で行なうアンケートは参加率が高まるため、多くのお客様の声を集められます。また、商品選びに迷っているお客様の背中を押してくれます。

お客様が知りたい情報を伝えよう

Q&A POP

ひとりのお客様の疑問は、他のお客様も疑問に思っていることが多いものです。実際にあったお客様からの質問を題材にPOPを作成することで、多くのお客様の疑問を解決できます。また、ファイルに収納し、待ち合いスペースに設置すれば、気軽に読んでいただける環境がつくれます。

✤ 土地への愛情あふれる自然派!✤
アルザスで早くから減農薬栽培に
踏み切るなど、自然派ワインの先駆け的
存在です。現在では創設者ローランさんの
亡き後、奥さんと2人の息子達が遺志を
引き継いで完全無農薬で造ります。
ラベルの花に描かれた7枚の花びらは
アルザスの7つの貴品種を表し、土地への
愛情を表現しています。

✤ 日本もフランスも‥‥✤
いつもは1万円超えのワインの造り手が
コスパよくリリースする"オリガミ"シリーズ。
「ワインもオリガミも、その国の歴史や
伝統を表す工芸品という共通点が
ある」と互いの文化にリスペクトを
表したラベルデザインです。もちろん
お味の方も…折り紙つき‼

こだわりPOP

ワインなどの専門店では、商品へのこだわりや知識を伝えることは、とても重要です。専門店ならではの細かいこだわりをわかりやすく発信することで、店主の想いが伝わり、お店と商品の価値・信頼度を高めることができます。

外国人観光客に対応しよう

案内POP

母国の言葉や国旗があることで、外国人のお客様は「このお店は私たちを歓迎してくれている」と感じやすくなり、安心して買い物を楽しむことができます。また、商品説明などは、多くの言語で掲示するより、ピクトグラム（案内マーク）や国旗などシンプルな表示で掲示したほうが、お客様の目に止まりやすくなります。

食べ方・使い方 POP

日本ならではの食事作法がわからない外国人のお客様は多くいらっしゃいます。日本特有の作法説明をPOPで伝えることで、多くの外国人のお客様の不安を取り除けます。

メニューPOP

食べ方POPと合わせて、単品などのメニューPOPも同じデザインにすることで、お客様の目を止める効果が生まれます。また、店内の統一感が演出できます。

ウェルカムボードでお客様の足を止めよう

店舗紹介ボード

お客様が入店を決める大きな要素は、入店前に得るお店の情報です。どのようなお店なのかを事前に知ることで、入店のハードルを下げてくれます。

イベント案内ボード

イベントや新商品発売などの予告を大々的に掲示することは、お客様の期待感を高めることにつながります。イベント当日まで期待感を高め続けていただくために、情報を定期的に書き換えることが大切です。

「売れている！」をアピールしよう

再入荷POP

単純に「人気商品」と伝えるよりも、「再入荷商品」と伝えたほうが、多くのお客様に支持されていることを強くアピールできます。

よろし化粧堂
売れ筋ランキング

1位　米ぬか 洗顔粉
米ぬか・ミネラル塩・石ケン素地
3つの自然由来成分のみ使用
乾燥肌、敏感肌の方に長くご愛用いただいている
リピーターの多い洗顔粉です。

2位　365ハンドクリーム
【 柚子・抹茶・花籠 】
3種の香り全て自然由来エキス配合
プレゼントとしても大人気のハンドクリームです。
大切な記念日に合わせてお選びいただいております。

3位　美肌泥
日本の温泉水とヒアルロン酸の約2倍の
保湿効果と言われるリビジュアを配合
"汚れだけでなく透明感のあるしっとりお肌になれる"
と根強いファンが多いクレイパックです。

売れ筋ランキングPOP

売れ筋ランキングは、実際の売上の順位です。信頼ある情報として商品選びの基準になります。上位商品であればあるほど、購入後の満足感が続きやすくなります。

残りわずかPOP

人は、「残りわずか」という言葉に気持ちが焦ります。「残り2個」など具体的な残数を掲示すれば、さらにお客様の欲しい気持ちを高めることができます。

商品イメージに合ったPOPをつくろう

高額商品POP

あくまでも商品が主役です。商品より目立ちすぎない素材や形を選びましょう。商品の雰囲気を壊さず、商品自体を際立たせることができます。

食料品POP

チョークで書かれた文字は優しい雰囲気を演出でき、お客様に親しみや温もりをアピールできます。食料品や飲料品など温度を感じる商品に向いています。

はじめに　―POPとの出会い―

　1996年、インテリアコーディネーターを目指し入社したベッドメーカーで、私はPOPとディスプレイという販促に出会いました。
　全国の販売店へ赴き、自社のベッドを魅力的に見せるために、ベッドメイキングやフロアのディスプレイをし、POPを作成する仕事を担当していました。何かをつくり出すことはとても楽しく、毎日ワクワクしていたのを今でも思い出します。
　当時つくっていたPOPといえば、「うちの商品はこんなすごい性能で、とてもよい商品なんです！」と自慢ばかりの内容でした。とはいえ、競合が少ない時代のおかげで、ベッドは売れていました。

　しかし、今は通用しません。たいていの商品はよい品質が保たれ、大量の類似商品が存在します。必然的にお客様は、多くの商品の中から自分に合うものを選ばなければなりません。「購入」という行動自体に、選ぶ楽しさや新しい発見が見つからないと、お客様に商品を選んでいただくことが難しい時代になっているのです。
　「今」お客様は何を求めているのかを考え、その時代その時代に合わせてお客様の希望に沿うことができれば、POPも売り場も成長し続けることができると私は考えています。

　店舗販促の仕事で独立して10年。様々な現場を拝見し、実際に店舗で働くスタッフのみなさんの姿、買い物をされるお客様の姿から、楽しいだけでは売上は上がらないと学んできました。
　私自身もPOPに出会った頃のままではいけない！　と気づけたからこそ、この本を書くことができたと思っています。

Contents

POPのお悩み解決します　すぐ書ける！「稼ぐPOP」のつくり方　目次

はじめに　―POPとの出会い―

prologue プロローグ　「稼ぐPOP」をつくろう！

01　POPには「売上ツール」以上の効果がある　24
02　さあ！　「稼ぐPOP」をつくろう！　26
　　column……POPは誰が書くといいの？

1章　「売れるPOP」は内容が大切！

01　つい読んでしまう「お客様目線」POP　30
02　デザインよりも内容を重視する　34
03　知らずと商品知識が身につくPOPづくり　38
　　column……「POPが苦手」を克服したい人へ

2章 伝える内容を"ひとつ"にして確実にお客様へ届けよう

01 お客様は誰？ ターゲットを明確にする　44
02 商品の「何」を伝えたい？ 商品情報のまとめ方　48
03 お客様の「今」に合わせたピンポイント訴求　52

column …… ＰＯＰはどんな商品につければいいの？

3章 お客様の心を読みとろう

01 思わず心が動くお客様の関心事３つの傾向　62
02 女性客が思わず手にとるＰＯＰのしかけ　66
03 男性客が好むＰＯＰと売り場　74

column …… 説得ではなく、納得させるには

4章 ＰＯＰのデザイン、レイアウトを覚えよう

01 縦書き・横書きレイアウトのコツ　80
02 素材の使い方テクニック　84
03 価格帯で変わる用紙余白のとり方　88

column …… 価格の載せ方・見せ方

5章 手書きPOPは誰でも書ける！

- 01 文字がヘタでも大丈夫！　手書き文字5つのルール　94
- 02 時間をかけずに書こう！　簡単イラストフォーマット　98
- 03 パソコンいらず！　貼るだけ簡単デコレーション　102
  - column …… 手書きPOP「道具」の選び方

6章 難しくない！パソコンを使ってPOPをつくろう

- 01 簡単フォーマットでラクラクPOPづくり　108
- 02 デザインのマンネリ防止策　112
- 03 手書き追加で温もりあるパソコンPOPに大変身　116
  - column …… 関連商品アピールで売上UP

7章 インバウンド対応！外国人のお客様向けPOP

- 01 あってよかった！　親切POP　122
- 02 指をさして伝えよう！　インバウンドメニュー　126
- 03 人気商品にはマスト！　商品説明POP　130

04 外国語フレーズ集　134
　column ⋯⋯ インバウンド対応の大切さ

8章 クチコミ、SNSにつながるPOPのつくり方

01 POPを使ったSNSクチコミのしかけづくり　138
02 実体験の「お客様の声」は最強ツール　142
03 店舗とSNSを結ぶ二次元（QR）コード　146
　column ⋯⋯ 観光地では必須「ランキングPOP」

9章 売上に差が出る！POP掲示場所

01 目と足が止まるPOPの"貼り方"　152
02 期待感を上げるPOPの大きさ　156
03 通行人にアピールできるボードとウィンドウPOP　160
　column ⋯⋯ POPで注意すること

10章 POPメンテナンスを上手に行なおう

- 01 POPにも寿命はある！　書き直しの必要性　166
- 02 古くなったPOPの復活方法　170
- 03 楽しくラクにPOPをつくり続ける計画表　174

付録：POP演出カレンダー　178

おわりに

イラスト　森本 純子
装幀・本文DTP　春日井 恵実

prologue プロローグ

「稼ぐPOP」を
つくろう！

01 POPには「売上ツール」以上の効果がある

「POPをつくるメリットは？」と聞かれたら、たいていの人は「売上アップのため」と答えるでしょう。「売上」は、商売をしている人なら当たり前のように重要視しているものだからです。しかし、売上を上げることだけがPOPづくりの目的ではありません。

実はPOPには、売上を上げること以外にも様々なメリットがあるのです。それは、POPをつくることから生まれる"その先に期待できる効果"です。

POPづくり3つの効果
【その1　お客様への効果＝ファンの増加】
　POPがあることで、お客様は、
☐ 楽しんで買い物ができる
☐ お店や店員に興味を持てる
☐ また来店したくなりリピーターになる
☐ 常連客（ファン）になる
☐ 自分が支えているという気持ちが芽生える
☐ 誰かに教えたい気持ちが生まれ、クチコミをする
☐ 新しいお客様が来店する
☐ 新しいお客様の購買意欲が高まる

【その2　スタッフへの効果＝スタッフ教育】
　POPをつくることで、スタッフは、
☐ 商品に興味を持つ
☐ 商品知識が豊富になる

□ まわりの人に商品のことを教えたくなる
□ スタッフ間だけでなくお客様ともコミュニケーションをとる
□ お店に活気が生まれる
□ スタッフ自らお店をよくしようといろいろなアイデアを出す
□ ＰＯＰ以外の販促全体をよくしようと改善に取り組む
□ 売上が上がり、スタッフのモチベーションも上がる

【その3　お店への効果＝店舗の改良】

　お店にＰＯＰがあることで、店内は、
□ 活気が生まれる
□ スタッフが楽しい売り場づくりに力をそそぐ
□ クリーンネス（掃除などの店をきれいにする行動）を意識する
□ クレンリネス（衛生的で、快適な状態）を維持できるお店になる
□ お客様にとって気持ちのよいお店になる
□ お客様が「また来たい」と思えるお店になる
□ お店の活気が長続きする
□ 繁盛店になる

　このようにＰＯＰづくりには「３つの効果」があり、**それぞれが売上アップにつながっていきます。**そして、この効果を時代の流れや環境の変動に対応しながら変化させ続けることができれば、長く売上を伸ばし続けるお店になれるのです。

　この「３つの効果」を意識しながらＰＯＰづくりを行なうことで、ＰＯＰをつくる意味合いも、メリットの見え方も変わってくるはずです。ぜひ、様々な効果の視点に立ってＰＯＰづくりに取り組んでください。

02 さあ！「稼ぐPOP」をつくろう！

　私は、日本全国でPOPの研修やセミナーの講師を務めさせていただいています。その研修では毎回、受講者から「文字の書き方」や「デザインのコツ」「POPと商品の配置方法」など、様々な質問があがります。
　しかも驚くことに、どの地域でも同じような内容の相談が多く、同じお悩みを抱えている人がたくさんいることがわかりました。
　そして、さらに驚くことに、その**お悩みが解決できると、必ず「売上につながる」**という事実を目の当たりにしてきました。

POPづくりの同士は全国にいる！

　研修やセミナーではお会いできない、同じお悩みを抱えている方々に同じようなアドバイスができたら、より多くのお店の売上につなげることができるのではないか？　そして、POPをつくり続けることが楽しくなるのではないか？　と考え、実際に全国各地で受けたPOPに関する質問やお悩みをテーマにして本書を書くことにしました。

　本書は、POPづくりに携わる方々の「リアルなお悩み」を事例にしているので、「同じ悩みを抱えている人がいる」という安心感と、「自分にもできる！」というやる気アップにもつながると思います。
　また本書は、「売上を上げる」ことを目的としているので、かわいい文字やおしゃれなイラストの描き方といったPOP演出方法にはあまり触れていません。その点はご留意の上、本書をお読みいただけると幸いです。

ご相談の多かったご質問やお悩みを10のテーマに絞り、解決方法と売上を上げるためのアドバイスをお伝えしていきます。ご自分のお悩みに合った章からお読みいただくのもオススメです。
　悩みを解決して、自分だけの「稼ぐPOP」をつくっていきましょう！

COLUMN

ＰＯＰは誰が書くといいの？

　ＰＯＰは誰が書いてもいい。
　これが私の答えです。ですが、商品やサービスのことを知らなければ、ＰＯＰを書こうと思っても書けないというのが現実でしょう。
　ですから、「商品やサービスのことを詳しく知っている人」が書くべきだと思っています。さらに「お客様のことをよく知っている人」に書いてもらえたら、お客様が今欲しがっている商品やサービスだけでなく、お客様が喜ぶお得な情報も提供できるようになると思います。
　そのような条件を総合すると、毎日商品と向き合い、毎日お客様と接しているパートタイマーさんやアルバイトさんを含めた、"販売に携わるスタッフ"がＰＯＰを書けば、お客様に興味を持っていただける「お客様目線」のＰＯＰをつくることができるのではないでしょうか。
　会社によっては、ＰＯＰづくりの専門部署があり、ＰＯＰや販促物を１日つくり続ける方々もいます。小規模なお店からすると、販促物全般を担う部署があるのはうらやましいですよね。しかし、彼らにもいろいろ悩みがあります。仕入れ担当や売り場担当からＰＯＰ作成依頼が来ても、実際に貼る場所がどこなのか？　ＰＯＰサイズは本当にそのサイズで問題ないのか？　などの不安を持っているのです。
　また、「稼ぐＰＯＰ」がつくれたとしても、実際に掲示する場所できちんとＰＯＰとしての役割を果たせなければ、ただの紙になってしまいます。ですから、ＰＯＰをつくる時は、「売り場も一緒に考える」ことが重要なのです。
　そのようなことを踏まえると、ＰＯＰは誰が書くのがいいの？　という質問の答えは、「商品やサービスのこと」「お客様のこと」「売り場のこと」を詳しく知っている人がベストだといえます。

1章

「売れるPOP」は内容が大切!

01 つい読んでしまう「お客様目線」POP

お悩み

お客様が最後まで読みたくなるPOPを書きたい！

アドバイス

お客様は「お客様目線」で書かれたPOPに興味を持ちます。どのような目線で買い物をしているのか、考えてみましょう。

お客様が「知りたい！」と感じる情報は何だと思いますか？

今この質問を聞いた瞬間、みなさんの中で変化が起きました。それは「目線」です。普段私たちは、自分だったらどう考えるのかと「自分目線」で生活をしています。これを、お客様だったら何を知りたいのかという「お客様目線」にチェンジしたはずなのです。

「売る側」の私たちが、このような自問自答をせずにPOPを書くと、買って欲しい気持ちが先行してしまい、自分目線の「伝えたい情報」を一方的に提供してしまいます。しかし、「買う側」のお客様は「自分にとってベネフィット（利益・価値）が感じられる情報」を欲しいと考えています。ということは「売る側」と「買う側」の「○○したい」という要望は異なるのです。

お客様視点に立とう　**お悩み解決**

では、お客様が欲しいと思えるベネフィット情報は何でしょう？ベネフィットを見つけるポイントは、"お客様の視点"に立つことです。つまり**「お客様の目線でPOPや売り場を見る」**ということ

思わず目を引くPOPにしよう

夏のおしぼりサービスPOP。インパクトある大きな似顔絵に自然と目が向く。お客様への想いが伝わり、お客様の感情が動きやすく期待も高まりやすくなる。

オプションメニューに興味を持ってもらうための**間違い探しPOP**。お客様の意思でメニューをじっくり読んでくれるようになり、注文につながっている。

お客様が楽しめるPOP展開も、お客様目線です

1章　「売れるPOP」は内容が大切！

です。

　お客様の目線には、
①「見つけた時の目線」＝　感情が動く瞬間
　これ何だろう？　わぁ楽しそう！　など、初めて見るものへの好奇心が高まったり、テンションが上がった時の目線。
②「興味を持った時の目線」＝　想像する瞬間
　どんな商品だろう？　いつ使うの？　自分に必要かな？　など、具体的に使うことを想像したり、関心を持ったりした時の目線。
③「買いたいと感じた時の目線」＝　決断する瞬間
　生活に役立ちそう！　課題が解決しそう！　など、過去の経験などと比較して必要だと感じた時の目線。

　これらの３つの目線があります。この「お客様目線」それぞれのタイミングに合わせて、何を伝えたらベネフィットを感じるかを考えることで、お客様が最後まで読みたくなる情報提供を効果的に行なうことができます。

お客様が欲しい情報を見つけるクセ　稼ぐPOPポイント

　ＰＯＰは手紙やラブレターと同じといわれています。届いた手紙に自分が欲しかった情報や興味を持てる内容が書かれていたら、手紙を最後まで読み、送り主に対して好感を持つのではないでしょうか。
　送り主はＰＯＰを書く"あなた"です。手紙を書くように相手となるお客様を想い、お客様が知りたい！　読んでみたい！　と思う情報は何かを日頃から考えるクセをつけましょう。
　また、実際にお客様の様子を見る機会があれば行動を観察し、普段から"気づき"をメモしていくと大きな財産になります。

お客様が欲しい情報を盛り込もう

HAIR SASAKI 育毛＆美肌サプリメントPOP

❶「見つけた時の目線」＝感情が動く瞬間
大きな文字が特徴の大判ポスターは、遠くからでも目立つ。

❷「興味を持った時の目線」＝想像する瞬間
権威ある髪専門医師処方という情報から安心感を得られる。

❸「買いたいと感じた時の目線」＝決断する瞬間
店主自ら体験している情報は、お客様が本当に知りたい情報。飲み終えた容器とひと言感想がリアルさをUPさせ、使用してみたい気持ちもUP。

I章「売れるPOP」は内容が大切！

02 デザインよりも内容を重視する

> **お悩み**
> 「かわいいＰＯＰですね」とお客様から褒められるけれど購入につながらない。

> **アドバイス**
> デザインにこだわりすぎて、何を伝えたいのかが不明では×。ＰＯＰはもうひとりの販売員！ あなたが感じた言葉を書こう。

　ＰＯＰを褒められるとモチベーションが上がりますよね。しかし、売上につながらないとやりきれない気持ちになるものです。業務時間をやりくりして書いたＰＯＰならなおさらです。

　デザインにこだわりすぎてコピーまで時間をかけられない……と、デザイン重視になる人。デザインセンスに自信がないからＰＯＰは書けない……と、ＰＯＰに苦手意識を持っている人。

　このように、「素敵でかわいいデザインにしなくては」と思い込んでいる人はたくさんいます。しかし、**結論からいうと、デザインができなくてもＰＯＰは書けます！**

　もちろん、目立つデザインや楽しいデザインはお客様の目と足を止め、興味を持っていただくためには必要です。しかし、お客様はデザインではなく、ＰＯＰに書かれているキャッチコピーや説明を読むことで心が動き、商品を欲しい！　と思うのです。

あなたの体験談を使おう　〈お悩み解決〉

　商品やブランドイメージを崩さないためにデザインにこだわるこ

お客様の感情を動かすには

バレンタインＰＯＰ：自分の言葉。女性スタッフの本音に「そうそう！」と共感が生まれる。

バレンタインＰＯＰ：デザイン重視。イメージ訴求ポスターなどで使用するには適しているが、お客様の感情を動かすには弱い情報。

Ⅰ章　「売れるＰＯＰ」は内容が大切！

とは大切なことですが、デザインにこだわりすぎてしまい、何を伝えるＰＯＰなのかが不明では、元も子もありません。

　デザイン重視の人の多くは、「デザインは思いつくけれど、キャッチコピーや説明の言葉が思い浮かばない」というお悩みを抱えています。そのような人にオススメなのが、**実際に使った時の感想や食べた瞬間に頭をよぎった言葉をそのまま文章にして伝えること**です。

　あなた自身もお客様としてお店で接客を受けた経験があると思いますが、マニュアル通りの接客と、店員の実体験談を交えながらの接客、どちらが商品に興味を持てたでしょうか？　ほとんどの人が後者の接客によってより商品に興味が持てたと思います。

　「**ＰＯＰはもうひとりの販売員**」といわれているのをご存じですか？　販売員がお客様を接客する時に放つ言葉と、ＰＯＰに書かれた言葉には同じ効果があるのです。

正直なあなたの言葉がキーワード　稼ぐＰＯＰポイント

　さらに稼ぐＰＯＰにするためには、「なぜおいしいのか？」「なぜ使い勝手がいいのか？」の「理由」を伝えることが重要です。

　なぜなら、お客様は商品そのものが欲しいわけではなく、その商品を食べたり使用したりすることによって得られる感動や体験を、その「理由」を通して知りたいと思っているからです。

　「ＰＯＰはもうひとりの販売員」ということは、“ＰＯＰは自分の分身”です。自分が感じた正直な気持ちをそのまま書きましょう。マニュアル通りの営業トークではなく、正直な言葉にお客様は耳を傾け、素直に商品やサービスに興味を持ってくれるようになります。

　ＰＯＰをきれいに書けたから、かわいいＰＯＰだから売れるのではなく、**「正直なあなたの言葉」＋「商品イメージに合ったデザイン」**が売れるＰＯＰづくりの基盤となるのです。

店員の言葉を書こう

ロールステーキPOP。「売り切れ御免!!」という短い言葉から、売れている商品だと印象づく。職人の手づくりは希少性を高められる。

惣菜POP。キャッチコピーからご飯にもお酒にも合う商品だとわかる。おいしさは、食べた時に思わず出た言葉でも表現できる。

飾らない言葉に目が止まります

03 知らずと商品知識が身につくPOPづくり

お悩み

何を書けばいいのかわからず、もっぱら商品名と価格だけのPOPになってしまう。

アドバイス

まずは10分間、商品と向き合う時間をつくりましょう。商品知識が増えるとPOP術だけでなく接客術もアップします！

「日常業務が忙しくて商品のことを調べられない……」「何も浮かばないので、かわいいデザインにして商品名と価格だけを書いている」というご相談をいただくことがあります。

通常の業務が忙しくてPOPづくりまで手がまわらないことはよくわかります。だからといって商品名と価格だけのPOPでは、単なるプライスカード（価格表示）になってしまいます。

もちろんプライスカードもPOPの仲間なのですが、「稼ぐPOP」には分類できません。「稼ぐPOP」とは、POP自身が売上を上げる広告媒体であり、お客様に「買ってみたい」「使ってみたい」と思っていただくためのアイテムでなくてはなりません。

商品と向き合う時間を確保する 〈お悩み解決〉

私がオススメする解決方法は**「10分間調べ」**です。たとえば、10分早く出勤して商品のことを調べるというものです。その10分間の積み重ねが、「稼ぐPOP」づくりにつながり、しかも、接客術もアップするという特典がついてきます！

特徴の選び方で、伝える切り口が変わる！

ホームパイPOP：プレゼント提案。メッセージを書いて誰かにあげたいという気持ちが生まれる。「自分で食べる」以外の買う理由ができる。

ホームパイPOP：食べ方提案。ファミリーパックだからできる様々なアレンジは、お客様のワクワク感をUPさせる。

まず、ＰＯＰを書く商品をひとつ選び、10分間で商品を調べます。食べられる商品であれば自分で試食する。使用できれば自分で使ってみる。というように、**まずは自分自身が商品を「体験」**します。その時、「商品の特徴」「すごいと思った点」をメモしておきましょう。
　もし、自分で体験できない時は、
① 体験した人（お客様、同僚、家族など）に感想を聞く
② 体験した人が投稿したＳＮＳやブログを見る
③ メーカーや販売店のサイトを見る（誇大情報には要注意）
　というように、人から教えてもらいましょう。
　たったこれだけです。毎日行なうことで、"商品と向き合う"ことへの抵抗がなくなっていきます。この"商品と向き合う"時間が「稼ぐＰＯＰ」づくりにはとても大切なのです。

「だから・だけど」で味つけコメントを　稼ぐPOPポイント

　「10分間調べ」で、商品の特徴をメモする際、よい特徴だけでなく、イマイチな（よくない）特徴もメモしてください。イマイチ情報は、あなた自身が商品と向き合ったからこそ知り得た情報です。
　商品の特徴を書き出したあとは、その特徴があるとどのような体験ができるのかを書き出していきます。
　その時、「だから・だけど」の言葉を使うと"特徴→体験"の変換をスムーズに行なうことができます。右ページ「だから・だけどメモ」を参考にしてください。

　毎日1商品「10分間調べ」を行なえれば、1ヶ月で20個以上の商品を調べることができます。毎日商品と向き合うことで、自信を持って接客もできます。お客様は、よい情報もイマイチ情報も知っている商品知識豊富な店員から商品を買いたいのです。

だから・だけどメモ

商品名	不二家　ホームパイ	ターゲット	幼稚園の子どもがいる30代の主婦
特徴・すごい！と思ったこと		どんな使い方や体験ができるの？	
①昔から変わらないバター風味がおいしい ②40枚も入っている！ ③裏にメッセージが書ける	だから	①何枚でも食べられる ②仲間と食べられる→仲間と食べ方のアイデアを考えると楽しい ③誰かにプレゼントできる	
イマイチなこと			
①高級感はない ②味の変化がない	だけど	①普段の生活で楽しく食べられる ②食べ方を工夫できる	

Ⅰ章 「売れるPOP」は内容が大切！

特徴や「すごい！」と思ったことはたくさん出てこないこともあります。まずは特徴をひとつ見つけることからはじめましょう

COLUMN

「POPが苦手」を克服したい人へ

　自分の字に自信を持てない人、キャッチコピーに自信がない人、デザインに自信がない人、自分が書いたPOPをお客様に見られるのが恥ずかしいと思っている人など、「POPが苦手」という方が多くいます。

　どのような仕事でも、はじめは誰でも緊張し苦手意識を持つでしょう。しかし、その仕事をしていくうちに、知らずに緊張がなくなり日常業務になり、そつなくこなせるようになる（慣れてくる）ものです。

　POPづくりもまったく同じです。はじめは誰でも緊張しますが、苦手だと思いながらでも"書き続ける"と、POPづくりへの苦手意識が薄まり、書くことが日常になってくるものです。

　文字に独特なクセがあったら、それは文字の"味"です。キャッチコピーに自信がなくても自分の素直な気持ちを書くことはできます。デザインに自信がなくても文字が読みやすければ、お客様はデザインまで気にしていません。

　もっと気楽にPOPをどんどん書いていきましょう！　そして、たくさんお客様に見ていただきましょう。ということで、苦手意識の克服方法は、「まず書いてみる！」です。

　オススメは「今日の記念日」です。日本には365日、何かしら記念日があります（176ページ参照）。商品やサービス、お店に関わる記念日に絡めて紹介することができます。

　たとえば、宝石店やアクセサリーショップなら「今月の誕生石」、生花店なら「今月の花」など、毎日書かなくても週単位や月単位で書きはじめるのもオススメです。

　まずは、何か書いてみることからスタートです。数ヶ月後には必ず苦手意識が薄れているはずです。

2章

伝える内容を"ひとつ"にして確実にお客様へ届けよう

01 お客様は誰？ターゲットを明確にする

お悩み

ターゲット層（購入層）を「20〜30代の女性」と決めてもその層が興味を持ってくれない……。

アドバイス

もっと細かい具体的なターゲットを決めましょう。ひとりのお客様に語りかけることで同じターゲット層が興味を持ちます。

　私はよくセミナーで、「みなさんのお客様は誰ですか？」と質問をします。すると、受講者から「商品を購入する人」「来店してくれる人」という答えがあがります。たしかにその通りです。しかし、「お客様」という便利な言葉のおかげで、本当の"お客様像"がぼやけてしまっているようにも感じています。

　POPは、テレビCMや新聞広告のようなマスメディア（大衆に向けた媒体）広告とは違い、商品の目の前にいるお客様へ向けた情報発信媒体です。ですから、「20〜30代の女性」などというターゲット層の設定では、お客様の幅が広すぎて、誰に向けた情報なのかが曖昧になり、お客様の興味を引くことが難しくなります。

お客様設定3つのポイント **お悩み解決**

　販売側として、「こんな人に使って欲しい」ということを具体的に設定することが、POPづくりではとても重要です。

　しかし、「こんな人」を想像しても思いつかない場合もあります。その時にオススメなのが「お客様設定3つのポイント」です。

お客様設定の3つのポイント

ポイント1　性　別

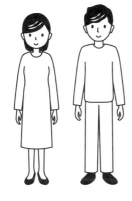

ポイント2　生活環境

お客様 / 趣味 / 家族構成 / 住まい / 職業

ポイント3　欲しい情報

2章　伝える内容を"ひとつ"にして確実にお客様へ届けよう

【ポイント1　性別】
　男性と女性では、商品を購入する時の心理状態が違います。心理に合わせて訴求方法も異なりますので、まず性別を決めましょう（男女の買い物心理の違いに関しては3章で詳しくお伝えします）。

【ポイント2　生活環境】
　そのお客様は、どのような生活を送っていると思いますか？　家族構成、職業、趣味などを想像してみましょう。

【ポイント3　欲しい情報】
　そのお客様は、何を知りたがっているでしょう？　役立つ情報、安心できる情報、困っていることなどを具体的に想像しましょう。

　この3つのポイントを決めることで、「こんな人に使って欲しい」「こんな人にサービスを受けて欲しい」の「こんな人」が具体的な"お客様像"になります。

ターゲットに似た人はたくさんいる ◀ 稼ぐPOPポイント

　ターゲットとなるお客様を設定することができたら、あとはそのひとりのお客様に向かってメッセージを書くだけです。
　ひとりのお客様へ向けたPOPでは、他のお客様は興味を持ってくれないのでは？　と心配になると思いますが、安心してください。**あなたが決めたターゲットと同じようなお客様は大勢います。**もしピンポイントでそのお客様がPOPを読まなかったとしても、ターゲットに似た知人がいたり、家族にいたら、その人を想像して、その商品のことを伝える人がいるかもしれません。**大勢へ向けて書くよりもひとりに限定したほうが伝える内容が劇的に濃くなります。**
　POPは手紙やラブレターと同じです。自分らしい言葉を意識して、想いを伝えましょう。

ターゲットにぴったり合うPOPをつくろう

Wine and Weekend

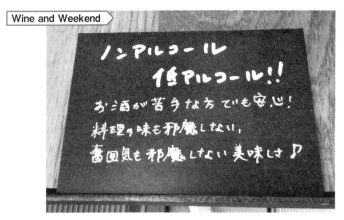

ノンアルコールワインPOP。お酒が苦手なお客様向けPOP。お酒が苦手なお客様にもワインを楽しんでもらいたい店主の想いを感じる。

HAIR SASAKI

サプリメントゼリーPOP。お酒を飲む男性向けPOP。プレミアム焼酎をディスプレイし、お酒好きが必ず目を止めるように工夫。

ピンポイントのお客様に読んでもらいましょう

2章 伝える内容を"ひとつ"にして確実にお客様へ届けよう

02 商品の「何」を伝えたい？ 商品情報のまとめ方

お悩み

伝えたいことが多すぎてPOPに書ききれない……。

アドバイス
すべてを語らなくて大丈夫。まずは、モノとコトの情報の違いを知ろう。お客様のベネフィット（利益・価値）が明確になります。

「商品と向き合う時間を定期的につくれば、自然と商品知識が増える」と前章でお伝えしましたが、同時に、商品と向き合う時間が長ければ、その商品への愛着は増していくものです。

人は愛着がわき、親しみを感じると、応援者の立場になり、多くの人にその商品のよさを知って欲しい気持ちが強くなります。これはPOPづくりにはとても大切なことなのですが、「あれもこれも伝えたい症」に気をつけなければなりません。

なぜならば、それが相手が本当に知りたい情報なのかの判断が鈍くなってしまうからです。

「モノ情報」と「コト情報」を区別する　お悩み解決

情報を大きく分けると「モノ情報」と「コト情報」があります。

「モノ情報」とは、その商品の機能やスペック、もしくは商品パッケージに書かれているような商品情報のことです。

「コト情報」とは、その商品を買うことによって得られる、役立つ情報や安心できる情報、問題解決できる情報など、"お客様が知

モノ情報とコト情報の違い

商品情報

モノ情報
（商品そのもの）
- 特徴
- スペック
- 機能 など

カタログに掲載されているような商品情報だけが羅列した情報

コト情報
（商品に関連すること）
- 理　由 …「価値がわかる情報」
- 提　案 …「生活に役立つ情報」
- 体験談 …「ワクワクする情報」など

お客様自身がベネフィットと感じ、体験をイメージできる情報

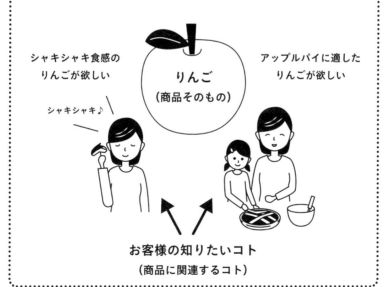

シャキシャキ食感のりんごが欲しい

シャキシャキ♪

りんご
（商品そのもの）

アップルパイに適したりんごが欲しい

お客様の知りたいコト
（商品に関連するコト）

2章　伝える内容を"ひとつ"にして確実にお客様へ届けよう

りたい情報"のことをいいます。

　たとえば、"りんご"という商品をお客様が購入するとします。実際に代金を支払って購入するのは"りんご"そのモノです。しかし、お客様は"りんご"が欲しかったわけではなく、そのりんごを購入することで得られる"シャキシャキ食感を楽しむコト"や"子どもとアップルパイづくりをするコト"などの「体験するコト」を購入したのです。

　ですから、「モノ情報」ではなく、どのような体験ができるのか？を想像・連想できる「コト情報」を伝えなければ、お客様はベネフィットを感じてくれないのです。

誰に買って欲しいのかで情報は変わる ◀ 稼ぐPOPポイント

　商品をどういう理由で購入するのか？　どのように体験をしたいのか？　は、お客様一人ひとり違います。

　お客様の欲しい情報を整理するポイントは、前項でお伝えした「お客様設定」です。ターゲットとなる具体的なお客様像を決め、「性別」「生活環境」「欲しい情報」を紙に書き出してみると、そのお客様は商品を購入することで、どんな体験がしたいのかが明確になり、そのようなお客様は何を知りたいのかがはっきりしてくるはずです。

　先ほどの"りんご"でたとえると、「性別：乳児を育てるお母さん（女性）／生活環境：核家族3人暮らし／欲しい情報：6ヶ月になる子どもの離乳食で擦りりんごを食べさせたいので安心できるおいしいりんごが欲しい」と設定したならば、ここでは、「安全性」「甘み」を伝えたほうがよいと判断できます。

　誰に買って欲しいのかによって、伝えなければならない情報は異なります。ぜひ「モノ情報」と「コト情報」を区別して、お客様の欲しい情報を明確に届けてください。

■ お客様が商品を買う理由を考える

りんごPOP：コト情報。乳児を育てるお母さん向けPOP。産地、食感、味、香りがわかるので、安心して購入できる。

りんごPOP：モノ情報。商品名、産地、価格だけが書かれたPOP。購入の決め手となる情報が少なすぎるとお客様の購買意欲は高まらない。

2章　伝える内容を"ひとつ"にして確実にお客様へ届けよう

03 お客様の「今」に合わせた ピンポイント訴求

お悩み

お客様は"いつ"商品が欲しくのるのか、タイミングを知りたい。

アドバイス

まず、お客様の購買行動を理解することが大切です。そして、その行動に合わせた"きっかけづくり"をしてみましょう。

みなさんの「これ欲しい！」と思うタイミングはいつですか？

きっと五感を刺激されるなどの外的要因がきっかけとなり、"欲求を満たしたい感情"がわき、「これ欲しい！」と思うのではないでしょうか。

たとえば、

- 魅力的な写真や広告を見る（視覚）
- 素敵な曲を聴く（聴覚）
- おいしい試食を味わう（味覚）
- 落ち着く香りを嗅ぐ（嗅覚）
- 柔らかい素材を触る（触覚）

などがきっかけになり、商品やサービスに興味を持っているはずなのです。

みなさんと同じように、お客様も様々なきっかけで、商品やサービスに興味を持つのですが、じーっとお客様の買いたい気持ちが高まるのを待っているのでは、時間ばかりかかってしまいます。

そこで、「これ欲しい！」と思っていただけるきっかけづくりを

お店側のタイミングで意図的につくってみましょう。

3つのタイミングできっかけをつくろう 〔お悩み解決〕

　お客様の購買行動は、**「見る」「探す」「比較」**の行動に分かれます。この3つの行動に合わせてお客様にきっかけをつくってあげると、「これ欲しい！」というタイミングがつくれます。

　「見る」とは、お客様が入店することを決めるタイミングです。
　お客様がお店に入る前に、どのようなお店なのか？　何を売っているのか？　どんなスタッフが働いているのか？　などを想像し、お店の様子を見る（うかがう）行動のことです。
　このタイミングへの工夫で大切なことは、**お客様に「期待感」を持っていただくこと**です。それは店舗そのものへの期待感や、販売されている商品や提供されているサービス、そしてスタッフへの期待感です。期待感を持たせる工夫にはいくつかありますが、入店前に目にする看板やＰＯＰ、ウィンドウディスプレイなどが期待感を高めるのに効果的です。楽しくて目が止まる工夫をしてみましょう。

　「探す」とは、お客様が欲しい商品を見つけようとしているタイミングです。
　入店後、どのような商品が販売されているのか？　自分の欲しい商品はあるのか？　などと、商品を見る行動のことです。
　このタイミングへの工夫で大切なことは**「わかりやすい陳列」**をすることです。わかりやすい陳列とは、商品が見やすく、選びやすく、手にとりやすい陳列のことです。これは陳列の基本原則でもありますが、お客様の「これ欲しい！」のきっかけづくりには、とても重要な要素になります。ぜひ陳列の工夫をしてみてください。

2章 伝える内容を"ひとつ"にして確実にお客様へ届けよう

お客様の満足度を上げる購買行動サイクル

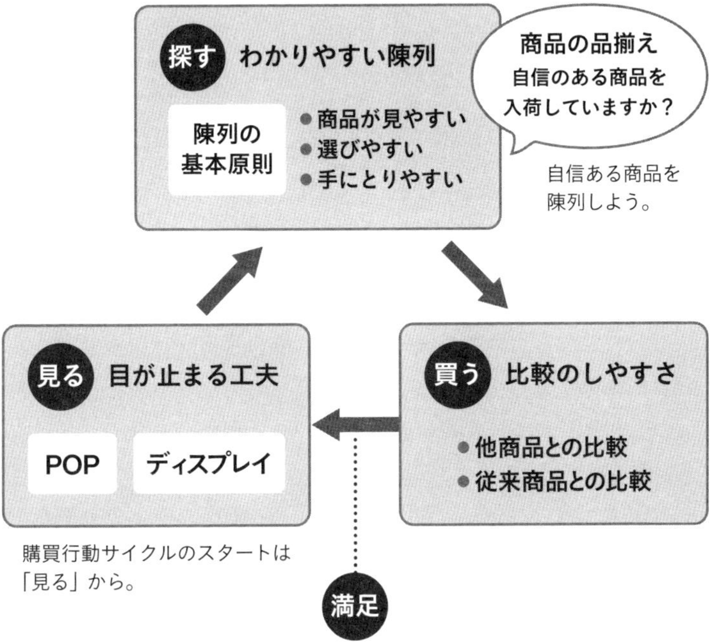

探す わかりやすい陳列

陳列の基本原則
- 商品が見やすい
- 選びやすい
- 手にとりやすい

商品の品揃え
自信のある商品を入荷していますか？

自信ある商品を陳列しよう。

見る 目が止まる工夫

POP　ディスプレイ

購買行動サイクルのスタートは「見る」から。

買う 比較のしやすさ
- 他商品との比較
- 従来商品との比較

満足

満足すると「見る」に戻り、再来店につながります。

「見る、探す、買う」に合わせて訴求しましょう

「比較」とは、お客様が商品を購入すると決める時のタイミングです。
　商品を購入しようと手にとり、他商品と何が違うのかを比べる行動のことです。このタイミングへの工夫で大切なことは、**比較のしやすさ**です。商品の違いを図や表などを使って、わかりやすく表現してみましょう。

店頭での展開方法　稼ぐPOPポイント

　このようなきっかけづくりを計画しても、すべてのお客様が同じ行動をとっているわけではないため、全部のきっかけづくりがうまくいくとは限りません。そこで、ひとりでも多くのお客様に「これ欲しい！」と思っていただけるように、きっかけづくりのタイミングを増やしましょう。
　増やす方法は、「見る」「探す」「比較」の購買行動をそれぞれ細分化し、細かくきっかけをつくります。そうすることで、さらに「これ欲しい！」というタイミングを増やすことができます。

　「見る」を、①外観②コーナー③掲示に細分化します。
① 外観
　入店を決めるために店頭や看板などを見るお客様に対して、**インパクトを与える大きなバナーやのぼり、店内の様子がわかる写真、スタッフの人柄がわかる手書きのブラックボード**などの工夫をしてみましょう。
② コーナー
　商品棚やワゴンで商品を見るお客様に対して、**見て楽しいディスプレイや宝探しのように「何か発見できそう！」と思ってもらえる**

買い物の「きっかけづくり」を意識する

> 2章 伝える内容を"ひとつ"にして確実にお客様へ届けよう

Wine and Weekend

コンセプト看板。お店の入口にある大型ブラックボード。「ワインをラベルで選んでもいいんだ」と、お客様の入店までのハードルを下げられる。

今月のおすすめワイン情報。店頭に設置されたボード。店舗前を通る多くのお客様は、毎月変わるワイン情報に足を止めて読んでくれる。

店内には様々な演出方法でワインを陳列。何か発見できそうな空間にお客様はワクワクする。

プレゼント向け商品とラッピング見本がディスプレイされ、誰かにプレゼントしたい気持ちが生まれやすくなる。

ようにしっかりとテーマを決めて演出をしてみましょう。
③ **掲示**
　ＰＯＰやポスターを見るお客様に対して、**自然とお客様の目に飛び込むように、**ＰＯＰのキャッチコピーを工夫したり、デザインや掲示の演出を工夫したりしてみましょう。

　「探す」を、①コーナー②棚に細分化します。
① **コーナー**
　売り場全体から自分の欲しい商品がどこにあるのかを探しているお客様に対して、**見つけやすいコーナー展開と季節やシチュエーション別に提案するコーナーづくり**をしてみましょう。
② **棚**
　商品を手にとり選ぶお客様に対して、商品パッケージを見やすく陳列するのはもちろん、**商品の素材や使用用途に分けたカテゴリー別（同じ性質で分類すること）展開**を行ない、商品を使う様々なシーンをお客様に想像してもらう工夫をしてみましょう。

　「比較」を、①他商品②新商品に細分化します。
① **他商品**
　他メーカーの同類商品や類似商品の比較をして購入を検討するお客様に対して、同類商品・類似商品と**何が違うのかを表やグラフにして一瞬で理解できるような表示方法**でお伝えしましょう。
② **新商品**
　新しく発売された商品と従来商品の違いを知りたいお客様に対して、**従来商品のどこがどのように新しくなったのか**をイラストや図などを用いてわかりやすく伝えましょう。

店舗での展開でお客様を誘導する

浅草よろし化粧堂

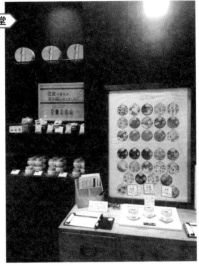

ハンドクリームコーナー。365日のパッケージデザインを展開していることをアピールするため、「今月のデザイン」を毎月更新。毎月変わるデザインは季節の演出にもつながる。

香り袋の使い方提案POP。初めて購入するお客様に利用シーンをイメージしていただきやすい。

各ハンドクリームの香りや**使用感を試せるコーナー**。ひと言POPの中には左奥の棚へ目線を誘導する矢印も書いている。

2章 伝える内容を"ひとつ"にして確実にお客様へ届けよう

COLUMN

ＰＯＰはどんな商品につければいいの？

　「ＰＯＰはどんな商品につければいいの？」という質問をいただくことがあります。基本的には、どの商品につけてもよいと思いますが、絶対つけたほうがよいと思うのは、「売りたい商品」、「売れている商品」「売れていない商品」の３つです。

●売りたい商品
　どのお店でも"イチ押し"の商品があると思います。そのイチ押し商品をどうしてオススメしたいのか？　その理由をＰＯＰに書きましょう。オススメ理由を知ることで、商品への安心感と信頼感を高めることができます。

●売れている商品
　売れ筋商品がさらに売れることで、お店の看板商品にすることができます。そして、その商品を求めるお客様の層を厚くすることができます。売れている理由をしっかり伝えましょう。

●売れていない商品
　「なぜ売れていないのか」の仮説を立て検証してみましょう。売り場で目立っていないという陳列の問題なのか、もしくは、ターゲット設定が違うのか？　オススメする理由がわかりづらいのか？　など、理由がはっきりすると、どのようなお客様に何を伝えるべきかが明確になります。売れる商品に成長させましょう。

　ＰＯＰを書けば商品が売れるわけではありません。まずは、「売りたい、売れている、売れていない」の中で、どれに分類されるのか明確にし、商品に合った訴求を行ないましょう。

3章

お客様の心を読みとろう

01 思わず心が動くお客様の関心事3つの傾向

お悩み

お客様はどんなことに関心を持つのか知りたい。

アドバイス
人は関心事に触れると心が動き、意識が変化します。お客様の関心事は何か考えてみましょう。

「関心」とは、"ある事柄に引きつけられる感情や気持ち"をいいますが、買い物をする場面で、お客様はどのような事柄に心を引きつけられるのでしょう。

たとえば、飲食店で食事をする時、ドラッグストアで薬を買う時、美容室で髪をカットしてもらう時……、いろいろな場面でお客様の心が引かれる事柄を想像してみましょう。

「安心感」「お得感」「ワクワク感」 ◁ お悩み解決

お客様は、3つの関心事に心引かれる傾向があります。

ひとつ目の関心事は**「安心感」**です。お客様は"不安をとり除きたい"気持ちを持っています。不安をとり除き安心感を得るために、商品パッケージを確認したり、クチコミなど他者評価を調べます。

そのようなお客様には、同じ目線で買い物をしている常連客やお店のことを熟知している店員、権威のある専門家の声などを伝えると安心感が高まります。

お客様3つの関心事

**思わず心が動くお客様の
関心事3つの傾向**

- 安心感を得たい / 不安をとり除きたい
- ワクワク感を得たい / 好奇心旺盛
- お得感を得たい / お得が大好き

お客様の3つの関心事を
具体的に考えてみると、
何を伝えたらいいのか
見えてきます

3章　お客様の心を読みとろう

2つ目の関心事は**「お得感」**です。お客様は"**損をしたくない**"**気持ち**を持っていて、割引商品やおまけに心が引かれます。
　しかし、心引かれるのはそれだけではありません。実はお客様にとってベネフィット（利益・価値）な情報からも「お得」を感じることができるのです。ですから、割引をする前にまずは、お客様にとってお得と感じられる情報は何かを考え、しっかりベネフィットを伝えることが重要になります。割引は最終手段と考えましょう。

　3つ目の関心事は**「ワクワク感」**です。お客様は"**好奇心旺盛**"です。初めて見る珍しい商品や経験したことのないサービスにテンション（気分や気持ち）が上がり、その商品やサービスに対して期待値も高まります。そのようなテンションの高いお客様は"衝動買い"をしやすくなりますので、限定品、人気商品ということをわかりやすく伝えたり、新商品やイベントの事前告知なども期待感が高まるように大々的に打ち出しましょう。

もっと関心度を高めよう　稼ぐPOPポイント

　さらに稼ぐPOPにするためには、「安心感」「お得感」「ワクワク感」への関心度をもっと引き上げる必要があります。
　「安心感」は、人気の理由やこだわりなど、その商品やサービスの**「価値がわかる理由」**をお客様や店員の声を通して伝えてください。「お得感」は、食べ方提案や利用場面の提案など、お客様の生活に密着した**「生活に役立つ提案」**をしてください。「ワクワク感」は、スタッフの体験談やそのお店でしか体験できないことなどお客様が知らない**「ここだけの体験談」**を教えてください。その際、誰が体験したのか名前を入れ、情報の信頼度を高めましょう。ワクワク感がアップします。

お客様の関心度を高めるPOP

浅草よろし化粧堂

HAIR SASAKI

安心感を与えるテスターPOP。単純にテスターの使用を促すだけでなく、どのような想いでつくった商品なのかを先に知ることで、お客様の試す時の先入観や心構えが変わってくる。

キャンペーンポスター。イベントではワクワク感がとても重要。具体的な数字の表現は、さらにワクワク感を高めることができる。

菊星

スキンケア商品POP。お客様の悩み事が解決できる商品やサービスに対して、価値を感じやすくなる。どの程度悩みが解決できるのかをわかりやすく伝えると効果的。

3章 お客様の心を読みとろう

02 女性客が思わず手にとる POPのしかけ

お悩み

女性が好むPOPや売り場がわからない……。

アドバイス
まずは、女性の購買心理を知ろう！
そして年齢に合わせた購買心理の違いを理解しましょう。

昔から男性と女性の脳は仕組みが違うとよくいわれます。

女性はたくさんの情報を同時に処理する能力に優れているため、**多くの情報の中から自分が欲しい情報だけをキャッチすることを得意としています**。それは買い物をする時にも発揮され、**常に「何かいいものないかな？」と心ときめく商品やサービスを探しています**。

たとえば、お弁当を購入するためにコンビニエンスストアへ行くと、多くの女性は、入店当初は購入を予定していなかったお菓子やドリンクなど、お弁当以外の商品を購入してしまいます。これは、店内にある商品やPOPから情報を敏感にキャッチすることから起こる衝動買いなのです。

「感覚」や「感情」に訴える　**お悩み解決**

そのように様々なところにアンテナを張り巡らせている女性が興味を持つPOPや売り場にするためには、「感覚」や「感情」に訴えることが重要となります。

「感覚」とは、照明などの明かり、店内に流れるBGMやアロマ

買い物中の女性の心理

敏感に情報をキャッチする女性には、楽しい空間演出が大切です

3章 お客様の心を読みとろう

の香りなど身体に刺激を感じる働きのことをいいます。

「感情」とは、その感覚で得た刺激によって安らいだり愉快になったり、はたまた不快になったりすることをいいます。

女性はそのような感覚に訴えかけてくるデザインや色、香りや空間の雰囲気などによって感情を高め、買い物を「楽しい娯楽」として認識するのです。

女性の感覚に訴える演出をすることが苦手な人もいると思いますが、体系化してあげれば何も難しくありません。2章でも触れましたが、五感（視覚、聴覚、味覚、嗅覚、触覚）を基準にして、それぞれに訴求していけばよいのです。

前章では五感を刺激する要因について、魅力的な写真や広告を見る（視覚）、素敵な曲を聴く（聴覚）、おいしい試食を味わう（味覚）、落ち着く香りを嗅ぐ（嗅覚）、柔らかい素材を触る（触覚）と事例をお伝えしましたが、もう少し具体的に女性に特化した訴求方法を考えてみましょう。

視覚：女性は特に目から入る情報にとても敏感です。かわいいイラストや美しい写真、また女性が憧れる空間をイメージできるディスプレイなどで店内やコーナーを演出しましょう。

聴覚：音は気分を落ち着かせたり高揚させたりする効果があります。落ち着いて買い物を楽しんで欲しい場合は、耳に心地よい優しい音楽や自然な音をボリュームを下げて流しましょう。逆にリズムよく買い物をして欲しい場合は、アップテンポのＢＧＭを流しましょう。

味覚：実際に口にして確認できる試食や試飲は、購入の最終決定を

女性客が足を止める商品棚

浅草よろし化粧堂

ボリュームある**入口**での**商品展開**は、お客様の「何かいい商品を見つけられそう」という期待感を高められる。

スキンケア化粧品コーナー。シンメトリーに展開された商品陳列は、安定感と清潔感を演出するのに向いている。

セット販売を促す**ギフト展開**。日本ならではのギフトBOXは外国人のお客様にも人気。

3章　お客様の心を読みとろう

左右する大きな要素です。味だけでなく、見た目の美しさや清潔さを意識して提供しましょう。

嗅覚：香りに敏感な女性は多く、香りによって気分が変わる人もいます。まずは、店内に休憩室のゴミやタバコの臭いが漂っていないかなど、香りのチェックをしましょう。よい香りを漂わせたい場合は、アロマなどの癒し効果のある香りをお店のイメージに合わせて使用することもオススメです。ただし、飲食店でのアロマ使用は味覚に変化をもたらす可能性があったり、食事以外の香りを好まないお客様もいらっしゃいますので、飲食店で使用する際は、よく検討してから行ないましょう。

触覚：特に女性は自分の肌で感じた感覚を大事にします。ふんわりした素材から温もりを感じたり、スベスベした素材からさっぱりとした印象を持ったりしながら、実際に使用している自分を想像します。季節や用途に合わせた使用感を訴求して、購買意欲を高めましょう。

女性向けＰＯＰの２つのコツ　稼ぐPOPポイント

　女性へ向けたＰＯＰづくりで大切なことが２つあります。ひとつ目は**「結論をあとに伝えること」**です。

　キャッチコピーなどで結論を先に伝えてしまうと、残りの説明コピーを読みたい気持ちが減少することがあります。それは女性には結論に至るまでのエピソード（物語）を大切する傾向があるからです。

　たとえばチョコレートのＰＯＰを書く時、キャッチコピーに「カカオの香りが強いダークチョコです」と結論を書くよりも、「**赤ワインに合う**カカオの香りが強いダークチョコです」と先にオススメ情報やお客様の知らないエピソードを伝えたほうが興味を持ちやすくなりま

結論をあとに伝えると効果的

○

チョコPOP：オススメ情報先。女性は特に、先に提案を行なうことで利用シーンを想像しやすくなり、関連商品購入を検討しやすくなる。

△

チョコPOP：オススメ情報あと。キャッチコピーでは特徴を伝えるのではなく、その特徴があるからどんな体験ができるのかがわかるように伝えよう。

す。そして、キャッチコピーに興味を持てたら、なぜ赤ワインと合うのかの理由を知りたくなり、説明コピーを読んでくれます。

　女性へ向けたＰＯＰづくりで大切なことの２つ目は、**「年齢層に合わせた内容で訴求する」**ことです。
　「若年層」と「高年層」とでは、購買心理が異なります。
　若年層の女性は、特に共感力が強く、他者の話に興味を持ちやすいため、商品の開発秘話や商品に対する生産者やスタッフの想いなどを伝えると効果的です。また、**自分が体験したことを誰かに伝えたい気持ち**が強いため、商品購入後、体験した感想をＳＮＳ（インターネット上のコミュニケーションの場）などで報告する人も増えています。そのような流行りからも「ＳＮＳで話題です」や「店内撮影ＯＫ」と掲示し、ＳＮＳに投稿してもよいことをアピールし、クチコミにつなげるのもオススメです。

　そして高年層の女性は、若年層の女性と同様に共感力はあるものの、他者への興味よりも自分への関心が高まるため、自分を高めるための健康美容に関する情報や、自分の時間をつくるための簡単便利情報などを訴求すると効果的です。また、**情報を共有することへの関心**が高まるため、お得な情報やテレビ雑誌で話題になっている情報などを家族や友人、近所の人に話す人も多いです。この共有したい感情はクチコミにつながりますので、"人に教えたくなる話題"をアピールするのも効果があるでしょう。

　このように、ターゲットとなるお客様の年齢層をしっかりと設定して効果的に訴求していきましょう。

年齢別のPOP例

浅草よろし化粧堂

若年層向けPOPとして、SNSを通してお店や商品情報を新規のお客様に発信していただけるようにアプリのマークや撮影OK案内を掲示。本商品は、実際にSNSの拡散によって生産が追いつかなくなったといううれしい悲鳴を味わった。

高年層向けPOPとして、メディアにとり上げられた実績の掲示は、安心感を高める。雑誌新聞・テレビなどにとり上げられた商品は、クチコミにもつながるので情報開示を。

03 男性客が好む POPと売り場

お悩み

女性スタッフがつくる男性向けPOPがイマイチ……。

アドバイス

男性と女性では買い方が違います。男性の好みに合わせた訴求方法を考えましょう。

男性は、ひとつのことを追求する力に優れているため、集中して物事を成し遂げることができます。それは仕事でも買い物でも同じです。**自分の欲しかった商品を手に入れられると目標が達成され、買い物への満足感を得られるのです。**

たとえば、奥さんに頼まれてスーパーに豆腐を買いに行くと、頼まれた豆腐だけを購入してきます。女性の場合はそうはいきません。別の商品が気になり、ついつい豆腐以外の商品を購入してしまいます。それだけ男性と女性では買い物の仕方が違うのです。

「スペック」と「機能」を伝える　**お悩み解決**

そのような目標達成意欲が強い男性には、「スペック」や「機能」をわかりやすく伝えることが重要になります。

「スペック」とは、商品の価格や容量、サイズなど仕様のこと。「機能」とは、商品が持つ能力や性能、役割のことです。

男性はそのような**「数字」で表わすことのできる情報**を比較して、商品を早く手に入れられる買い物を好む傾向があるのです。

男性の買い方を捉えよう

> タイヤ館飯塚

ドライブレコーダーコーナー。整理された商品棚は商品をひと目で見渡せる。選びやすいコーナー展開は、早く結論の欲しい男性に向いている。

エンジンオイルPOP。具体的な数字が表示されているため、他商品との比較もしやすく、お客様一人ひとりに合った最適商品を見つけやすい。

ですから、男性が好むＰＯＰや売り場をつくる際は、購入を検討する時の手助けとなる情報を表や図などを用いてわかりやすく表現し、パッと見てすぐに商品比較ができる工夫をしてみましょう。
　また、商品の陳列でも、商品の違いがすぐ理解できるように整理整頓を心がけ、関連商品のグルーピング展開などを行なった「選びやすいコーナーづくり」も重要な要素になります。

男性向けＰＯＰの２つのコツ　◀ 稼ぐＰＯＰポイント

　男性へ向けたＰＯＰづくりで大切なことが２つあります。 ひとつ目は**「結論を先に伝えること」**です。
　仕事では結論を先に伝えるのは基本ですが、プライベートの会話でも男性は早い段階で結論を求めることがあり、せっかちな性格と思われることもあります。そのように結果を急ぐ男性は、**「この商品は〇〇です！」と、言い切った表現のＰＯＰ**に興味を持ちます。

　男性へ向けたＰＯＰづくりで大切なことの２つ目は、**「年齢層に合わせた内容で訴求する」**ことです。
　若年層は、何事も自分の力で成し遂げたい気持ちが強いため、短時間で比較できる表示方法が効果的です。お店や他者から与えられた情報を基に商品購入を決めるほうが安心できるので、**人気商品や希少性の高い限定商品などの訴求もオススメ**です。
　そして高年層は、部下や家族を支える立場になり、常に高い目標を持つようになるため、**モチベーション（動機づけ）や社会的地位を高められる情報提供が効果的**です。こだわり感が持てる品質や素材、受賞歴や専門家の評価などをわかりやすく伝えるチラシ、冊子などを準備することも効果的です。

男性客の年齢層を意識しよう

HAIR SASAKI

お店からの**オススメメニュー**は、お客様自ら選べたという満足感を得やすいように多すぎず少なすぎない5種類用意し、すぐに比較できる工夫をしている。楽しいイラスト起用は若年層に向いている。

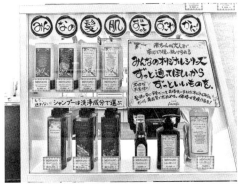
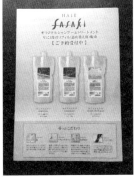

オリジナル商品コーナー。待合い席の目の前にあることで、座ったほとんどのお客様が目にする。その後、チラシで詳細情報を伝える。理容のプロがつくるこだわり商品はSNSでも予約可能にし、高齢層だけでなく若年層までファンを増やしている。

COLUMN

説得ではなく、納得させるには

　お客様は、スタッフから商品やサービスをすすめられるとき、どのような心理状態になるか考えたことはありますか？
　たとえば、商品を売りたいがために商品説明を熱く語り続けるスタッフに対して、お客様の購買意欲は冷めていく、という温度差のある接客。または、最初にお客様の困り事や悩み事を真剣に聞き、お客様にとって一番よい商品をすすめてくれる、お客様に「ありがとう」といわれる接客。
　どちらが、お客様にとって楽しい買い物になるでしょう。
　前者の接客を受けているお客様の気持ちは「売りつけられそう……」という不安や、「一所懸命だし買ってあげようかな……」という同情など、様々な感情が生まれています。同情でも購入していただければ売上につながるのでお店としてはよいかもしれませんが、購入するお客様の気持ちはどうでしょう。帰宅後、「欲しくない商品を買っちゃったなぁ」という後悔や「もうあのお店では買いたくないなぁ」というマイナスなイメージを持つ可能性があります。これが「説得接客」です。
　反対に、後者の接客を受けているお客様の気持ちは「自分のことを考えてくれる親切な店員さんだな」という安心感や「またこの人から買いたい」という信頼感が芽生え、帰宅後、「買ってよかった」と思っていただけるのです。この「買ってよかった」と思えた時、「自分で納得して購入した」とお客様は思えるのです。これが「納得接客」です。
　「ＰＯＰはもうひとりの販売員」と１章でお伝えした通り、ＰＯＰを読んだお客様が「自分のことを考えてくれるＰＯＰだな」と安心したり、「またこのお店で買いたい」と信頼できるお店になれるよう、お客様自身に納得していただける内容のＰＯＰを書いてください。

4章

POPのデザイン、
レイアウトを覚えよう

01 縦書き・横書き レイアウトのコツ

お悩み

デザインとレイアウト（配置）が難しい……。

アドバイス

ＰＯＰデザインの役割は、お客様の目と足を止めること。レイアウトの基礎を知って、見やすいＰＯＰデザインをつくりましょう。

ＰＯＰデザインとは、お客様の共鳴・感動・行動を促すために働きかける美的造形のことで、**ＰＯＰにお客様の目と足を止め、興味を持っていただくフック（引き寄せ）**の役割を担っています。

効果的に目と足を止めていただくために「色」「文字」「イラストや写真」の要素をＰＯＰ用紙に適切にレイアウト（配置）することで、お客様は商品やサービスに興味を持ちやすくなります。

お客様の目の動きを考える　お悩み解決

まずは、目と足を止める各要素を決めましょう。**「色」**では、商品やブランドイメージ、季節などに合わせた"用紙の色・文字の色・背景の色"の基本となる３色を決めます。

次の要素**「文字」**では、２章にも書いた"お客様に伝えたい情報"をひとつ決めます。

最後の要素**「イラストや写真」**では、商品やサービスを直感的に想像できるような商品写真・イメージ素材を選びます。

そして、その集めた要素をお客様が楽しくスムーズに読めるよう

人の目線の動き

縦書き

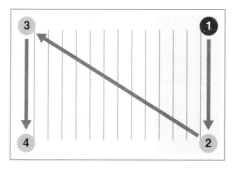

横書き

> 人の目線の
> 動きに合わせて
> 配置することで
> スムーズにPOPを
> 読んでいただけ
> ます

❶〜❷には一番伝えたいことを入れる

に、"流れとリズム"を意識しながらレイアウトしていきます。

　ＰＯＰレイアウトで大切なことは、お客様の目の動きです。
　人が文章を読む時には、決まった目の動きがあります。その動きに合わせて読んでもらいたい情報を配置するのです。
　その目の動きと深い関係にあるのが、文字列の方向です。文字列には、「縦書き」と「横書き」の方向があります。
　縦書きＰＯＰを読む時の人の目線は、①最初に用紙の右上に視点を置き、②用紙右下、③用紙左上、④用紙左下へ動きます。縦書きは「和」のイメージを持たせ、落ち着いた雰囲気を演出できます。
　横書きＰＯＰを読む時の人の目線は、①最初に用紙の左上に視点を置き、②用紙右上、③用紙左下、④用紙右下へ動きます。横書きＰＯＰは「洋」のイメージを持たせるだけでなく、時代の風潮やお客様層に合わせた演出などもできます。

　お客様は、最初に目にした情報に興味を持つと、ＰＯＰを最後まで読みたくなります。ということは、縦書きでも横書きでも、目線①〜②に配置する情報がとても重要になってくるのです。
　多くの伝えたい情報の中からナンバーワンの「伝えたい情報」を選び①〜②に配置しましょう。

文字の大きさのポイント　稼ぐＰＯＰポイント

　もっと効果的にＰＯＰを読んでもらうために、文字の大きさにも強弱をつけましょう。縦書き、横書きの目線①〜②の場所に大きい文字でキャッチコピー（一番伝えたい情報）を書き、③④にキャッチコピーの約１／５サイズの文字で説明を書くと、メリハリが生まれ、一番伝えたい情報にまず目が止まります。

文字の大きさにメリハリをつける

明太マヨネーズPOP：文字のメリハリあり。キャッチコピーの大きな文字に最初に目が行き、スムーズに下の説明コピーに目が移動できる。

明太マヨネーズPOP：文字のメリハリなし。同じ文字サイズの場合、マーカーが引かれた部分には目が行くけれど、リズムがとりづらく全部読むのに時間がかかる。

02 素材の使い方テクニック

> お悩み

写真やイラストをうまく活用できない。

> アドバイス

"とりあえず"選んだ写真やイラストを使うのはもったいない！　その素材を使う目的を明確にして、効果的に配置しましょう。

ＰＯＰは、文字情報だけでも十分に目的を果たすことができますが、お客様の「これ欲しい！」を早く引き出すには、簡単に商品やサービスを想像させる写真やイラストを活用するのが効果的です。ただし、"とりあえず"選んだ写真やイラストを活用すると、ブランドイメージ低下につながることもあるので注意が必要です。

写真やイラストなどの素材は、大きく分けると「インパクト」（強い影響や印象）と「説明補助」の2つの使い方があります。

どちらの用途でも、**お客様にどのような印象を持ってもらいたいのかを明確にして、素材を選びましょう**。

「インパクト」と「説明補助」のレイアウト　> お悩み解決

「**インパクト**」を与えることが目的の場合は、写真やイラストを大きく扱い、**伝えたい情報を視覚的に強く印象づけましょう**。

お客様の期待感と素材の大きさは比例しています。**素材を大きく扱えば扱うほどお客様の期待値を高めやすくなる**ので、写真を複数枚使用する場合でも、1枚だけ大きく扱い、他を小さく扱うことで

写真の大きさでインパクトを出す

キャンプ用品セールポスター：写真別サイズ。1枚だけ大きく扱われた写真に最初に目が行く。キャッチコピーは写真内もしくは、写真にかぶるように配置するとコピーのインパクトも強めることができる。

キャンプ用品セールポスター：写真同サイズ。すべて同じサイズの写真だと、違う内容でも同じような写真に見えてしまい、インパクトが弱まる。

大きい写真に視線が集まり印象を強めることができます。

　また、キャッチコピーを一番に目立たせるＰＯＰでは、キャッチコピー横にインパクトのある写真やイラストを配置することで、キャッチコピー自体のインパクトを強めることができます。

　「説明補助」が目的の場合は、料理レシピのように、**説明コピーに沿って写真やイラストをレイアウト**することで、説明を理解しやすくなります。また、説明コピーの頭に数字やマークなどをつければ、スムーズに目線を誘導でき、読みやすくなります。

目線の流れに沿ってレイアウトする ◀稼ぐPOPポイント

　さらに稼ぐＰＯＰにするためには、お客様の目線の流れをつくることが大切です。写真やイラストなど、素材の「大きさ」「距離感」「グルーピング」（組分け）の工夫が重要となります。

　「大きさ」とは素材のサイズです。**人は写真やイラストなどの素材を見る時、一番大きい素材に目が止まり**、大から小へと無意識に目線は移動していきます。この目線の動きを意識し、素材サイズを変化させ、お客様の目線の流れをつくりましょう。

　「距離感」とは素材同士の距離です。**隣接する写真やイラストが近いと人は、同類もしくは類似内容だと認識します**。素材同士を近づけて配置することで、詳しい説明がなくても共通の情報だと理解してもらうことができます。

　「グルーピング」も「距離感」同様、素材同士を仲間だと認識させる方法です。**文章と写真を枠で囲んだり、ＰＯＰを上下に分け中央に線を引いたりして、情報を区切ること**が簡単にできます。

　実際にＰＯＰ用紙の様々な場所に素材を置いてみながら、お客様の目線で印象を確認してみましょう。

写真の大きさと配置でお客様の目線を誘導する

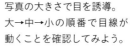

写真の大きさで目を誘導。大→中→小の順番で目線が動くことを確認してみよう。

写真の距離感で目を誘導。離れたところにある写真よりも、隣接する写真に目線が動くことを確認してみよう。

写真のグルーピングで目を誘導。枠で囲われた写真や情報は、関連した情報だと認識できる。

4章 POPのデザイン、レイアウトを覚えよう

03 価格帯で変わる用紙余白のとり方

お悩み

高額商品にPOPをつけると安っぽく見えてしまう。

アドバイス

POP用紙の余白の役割を知りましょう。価格帯に合わせた訴求が可能になります。

　POPは、生活用品や安価な商品につける広告だと思っている人は多いのではないでしょうか。セミナーでも「高額商品にPOPをつけていいんですか？」と質問をいただくことがあります。
　私は宝飾品でも高級時計でもPOPがあったほうが売上につながると思っています。手書きのかわいいイラストが描かれたPOPを宝飾品につけるのは商品イメージを損なうおそれがあるのでオススメしませんが、宝石のデザイン、石の種類などの"こだわり"をPOPに書いて掲示すれば、商品の具体的なよさを訴求することができます。また、高額商品を扱うお店で、店員から商品説明を受けることを苦手と感じているお客様は意外といるものです。そのようなお客様が店員のプレッシャーを感じず、ゆっくり商品を選ぶことができるPOPはお客様の味方になるのではないでしょうか。

「材質」と「余白」でイメージ合わせ　＜お悩み解決＞

　高額商品のイメージを損なわないPOPにするためには、「材質」と「余白」にポイントがあります。

価格とマッチしたPOPにしよう

> Wine and Weekend

ワインPOP。ラベルのデザインを邪魔しないシンプルな半透明下げ札をPOPとして活用。カジュアルになりすぎず、安価なイメージを与えない演出になっている。

> 肉の渡辺

毎日購入する食品は、手にとりやすい価格帯とワクワクする演出が大切。**お買い得POP**はイラストを活用したり文字に動きをつけるなど楽しい演出を心がけよう。

ＰＯＰの**「材質」**が紙の場合、用紙の**風合い・厚さ・色**をお店やブランドイメージに合わせて選びます。また、ガラス板や鏡などに印字したり、額に入れたりすることで高額商品のイメージに合わせていくことができます。
　ＰＯＰの**「余白」**とは、ＰＯＰ用紙の文字や素材を何も配置しない部分のことをいいます。この**余白と文字のバランスのとり方で、価格帯のイメージを変えることができます。**
　生活用品など**一般的な商品のＰＯＰでは、文字70％余白30％**の割合で余白をとります。割引価格などで提供する**特売商品のＰＯＰでは、文字90％余白10％**の割合で余白を少なめにとります。逆に**高額商品のＰＯＰでは、文字10％余白90％**の割合で余白を多めにとります。また、店内や店外などに掲示する**ブラックボードや黒板ＰＯＰでは、文字80％余白20％**の割合で余白をとりますが、枠（額縁）がついているボードに関しては、枠部分がすでに余白の役割を担っていますので、文字90％余白10％の割合でもよいと思います。

余白の活用法　稼ぐＰＯＰポイント

　「余白」は、ＰＯＰに書かれている情報を際立たせ、同時に目線を文字に集中させることができます。これは、美術館などの絵画が立派な額に収められ、作品を際立たせているのと同じ効果です。また「余白」は文字を際立たせるだけでなく、ＰＯＰ内の情報を区切ったり、グループとしてまとめたりすることもできます。たとえば、情報同士の間に余白をとれば見えない境界線をつくることができます。枠で囲んだり、線を引いたりする必要がないため、すっきりとした印象を持たせることができます。
　価格帯のイメージも目線の誘導も自由に調整できる「余白」の使い方をマスターして、稼ぐＰＯＰをつくってください。

価格と余白の関係性

何も書かない部分を用紙の縁につくったり、まわりを線で囲ったりすることで、余白が生まれる。ギリギリまで書いてしまった場合は、大きい用紙を裏から貼り、余白をつくろう。

一般商品：文字70% 余白30%

用紙の端ギリギリまで大きな文字が書かれることで迫力が増し、安価を訴求できる。迫力は力強さを演出でき、期待感を高めることができる。

特売商品：文字90% 余白10%

高額商品には特別感を感じさせるためにシンプルなデザインを心がけましょう。余白を多くとり、文字を中央に寄せることでコピーに目線を集中させることができる。

高額商品：文字10% 余白90%

4章　POPのデザイン、レイアウトを覚えよう

column

価格の載せ方・見せ方

　どのような商品やサービスでも購入する時、必ず確認するのが価格です。価格表示にはいろいろな見せ方があります。
　ひとつ目は、「価格文字の大きさ」です。大きく太い文字で表示すると、安価なイメージを演出することができ、逆に小さく細い文字で表示すると、高価なイメージや繊細なイメージを演出することができます。
　2つ目は「位置」です。安価な価格を前面に出す場合は、キャッチコピーのようにPOP用紙上部または中央部に目立つように価格を表記しインパクトを与え、最初に目に止まるようにします。
　高額な商品は、POP用紙下部に価格を表記し、POPを読みしっかりと商品のよさを納得してもらったタイミングで価格を見てもらうことで、価格帯へのハードルを下げることができます。
　そして、お客様目線で見た時にとても重要なことがあります。それは、消費税の表示方法です。「税込み」「税抜き」どちらの価格なのかを一瞬で理解できるかは、お客様には大切なことです。
　消費税の改正が頻繁に起きる日本では、多くのお店が商品や販促物の表示改定で苦労していると思いますが、お客様からしたら「いくら払えばいいのか？」が一瞬でわかると、とても助かります。
　国税庁のホームページでも「消費者に対して、商品の販売、役務の提供などを行なう場合、いわゆる小売段階の価格表示をする時には総額表示が義務づけられます」と記載され、お客様に誤解を与えないように注意喚起しています。
　私たちは、消費税の改正にすぐ対応できるよう準備をしておかなければなりません。最近ではデジタルPOPも普及しています。費用はかかりますが、素早く対応でき、将来への投資といえると思います。

5章

手書きPOPは誰でも書ける！

01 文字がヘタでも大丈夫！手書き文字5つのルール

お悩み

字に自信がないからPOPは苦手……。

アドバイス
書くポイントを意識すれば、誰でも見やすく読みやすい字になります。まずは「書く」ことに慣れるように練習をしましょう。

　POPの手書き文字というと、プロのPOPライターが書くデザイン性の高い文字や、達筆で美しい習字文字を想像されるかもしれません。しかし、プロのPOPライターでさえも最初から上手だったわけではないはずです。今のレベルになるまで何百枚何千枚と書き続けたからこそ、表現に自信がついてきたのです。
　私の手書きPOP研修では、必ずPOP文字の書き方実技を行ないます。マーカーを手にしたばかりの受講者のほとんどが緊張されますが、**書けば書くほど次第に慣れていきます**。枚数を重ねるほどに文字への苦手意識が薄まっていくのです。

手書き文字5つのポイント　**お悩み解決**

　POPの文字は、お客様にとって「見やすく読みやすい文字」でなければなりません。文字を「見やすく読みやすい文字」にするためには5つのポイントがあります。

①文字は丁寧に書く

　手紙でも相手に読んでいただく文章は、丁寧に書くことは基本で

文字の書き方5つのポイント①②③

① 文字は丁寧に書く

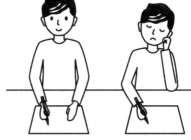

② 文字の最後は止める

"はね"や"はらい"の方向に目線が流れてしまう

③ 横線は水平に引く

5章 手書きPOPは誰でも書ける！

す。1文字1文字丁寧に書くことを意識しましょう。

②**文字の最後は止める**

　人は文字の線を追って文章を読んでいます。大きな"はらい"があれば、目線は"はらい"の方向へ流れます。"はね"は跳ねすぎず、"はらい"は流さずにピタっと止めましょう。止めることで視線が次の文字へ移動しやすくなり、文章をスムーズに読むことができます。

③**横線は水平に引く**

　文字列「横書き」の文章を読む時、人の目線は、文字の横線を追って読んでいます。横線が斜めに上がったり下がったりすると読みづらいのです。横線を水平に引き文章を最後までスムーズに読んでもらいましょう。

④**漢字は天地を揃える**

　漢字は画数が多く、遠目に見るとブロックのように見えます。漢字の高さを揃えないと、でこぼこのブロックに見え、③同様目線がスムーズに動きにくくなります。読みやすくなるよう漢字の高さは揃えましょう。

⑤**ひらがなは小さめに書く**

　漢字と違い、ひらがなは画数が少なく、目の錯覚で膨張して見えます。漢字と同じサイズでは、ひらがなのほうが大きく見えてしまうのです。漢字よりも小さいサイズで書くようにしましょう。

もっと手書き文字を活用しよう！　稼ぐPOPポイント

　次のステップとして、文字に動きをつけてみましょう。大きさ、太さ、傾き、飾りなどを工夫するだけで、ＰＯＰに躍動感や温もりが生まれ、商品やサービスのイメージを演出しやすくなります。また、キャッチコピーの文字デザインを目立つように工夫をすれば、遠くにいるお客様も気づきやすくなります。

文字の書き方5つのポイント④⑤

④ 漢字の天地を揃える

○ 期間限定

△ 期間限定

⑤ ひらがなは小さめに書く

余白を意識する

○ 春の商品

△ 春の商品

5章 手書きPOPは誰でも書ける!

02 時間をかけずに書こう！簡単イラストフォーマット

お悩み

簡単に描けるイラストが知りたい。

アドバイス

誰でも簡単にイラストを描く方法があります。まずは飾り線からチャレンジしてみましょう。

　ＰＯＰ研修をしていると、とても上手にイラストを描く人がいます。それを見た他の受講者は、「すごい！」「私にはムリ……」と会場はざわつき、まわりの受講者のイラストへの苦手意識が高まっていくことがあります。

　たしかに上手なイラストにはアイキャッチ効果がありますが、必ずしも商品購入に至るとはいえません。とはいえ、簡単なイラストや飾り線があることで季節感や楽しさを演出させることができますので、イラストが苦手な方もぜひチャレンジしてみてください。

季節のイラストで演出する　**お悩み解決**

　４章でもお伝えしましたが、イラストは、「インパクト」と「説明補助」の２つの役割があり、お客様にどのような印象を持ってもらいたいのかによって、使い方を選びます。

　簡単なイラストは、「インパクト」を与える用途で使うとよいと思います。オススメは季節感を演出できる四季のイラストです。

　春夏秋冬それぞれの季節を感じられる簡単なイラストがＰＯＰに

あるだけで、お客様に季節感やイベントへのワクワク感などを簡単に伝えることができます。

　春は「桃の花・つくし・桜」、夏は「あじさい・スイカ・ひまわり」、秋は「どんぐり・いちょう・もみじ」、冬は「雪だるま・クリスマスツリー・羽子板」など。行事や季節の花などを描いてみましょう。

　また、囲みなどの飾り線を、植物のつたのように描くだけでも同じ効果が期待できます。飾り線は季節感の演出だけでなく、文章の仕切りや余白づくりにも役立ちます。

人物イラストにチャレンジしよう 稼ぐPOPポイント

　お客様は、身近な人や商品のことをよく知っている人の安心できる情報に関心を持ちます。ですから、同じ目線で買い物をしている「常連客」やお店のことを熟知している「店員」の言葉に耳を傾けやすくなります。そのような人物のイラストがPOPにあれば、誰が伝えている言葉なのかが一目瞭然となり、「安心感」につながる要素を増やすことができます。もちろん、写真で人物を登場させてもよいのですが、イラストという表現にすることで優しさや温もり感が強まり、より身近に感じることができます。

　簡単な人物の基本イラストをベースに、「性別」は髪型、「年齢」は髪色とシワ線を変化させ、名札をつけてあげます。「名前」を入れることで、その情報への信ぴょう性が増し、説得力が向上します。

　また、イラストを大きく描き、目立つ配色にするなどの工夫をすれば、よりインパクトを高められます。

　ぜひいろいろなイラストにチャレンジして、季節感やアイキャッチ効果を高めてください。

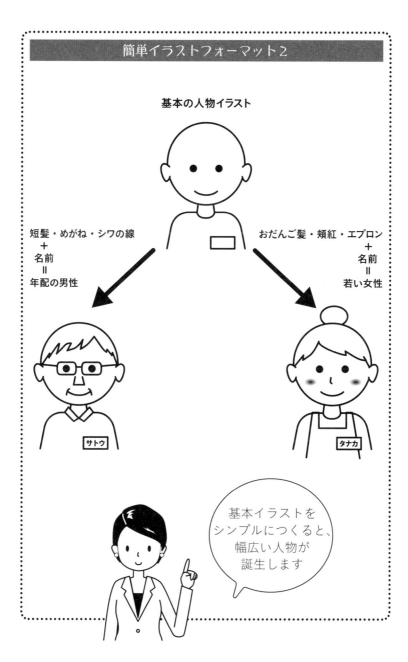

03 パソコンいらず！貼るだけ簡単デコレーション

お悩み

パソコンは苦手だけど、
写真を使ったPOPをつくりたい。

アドバイス

カタログやチラシの写真を活用するだけで簡単にPOPがつくれます。商品写真やイメージ写真をうまく活用しましょう。

　カタログやチラシの写真をPOP用紙に貼るだけで、手書きとパソコンを融合したようなPOPをつくることができます。
　また、写真の活用は、お客様に商品やサービスのイメージを簡単に訴求することができ、購買意欲を効果的に高めることができます。そして、素材をそのまま活用することでPOPづくりの時間を短縮することもでき、スタッフの負担を減らすメリットにもつながります。 いつでもPOPがつくれるように、商品写真やイメージ写真をストックしておきましょう。

写真の使い分け　**お悩み解決**

　写真は"とりあえず"選んだものを使うと、意図しないイメージにつながることもあります。使う際はしっかり選ぶことが大切です。
　写真には「商品写真」と「イメージ写真」があり、それぞれ用途が異なります。
　「商品写真」は、商品の使い方、デザインやカラーバリエーションを説明することに適しています。カタログやメーカーから送られ

既存の素材を活用しよう

メーカーから送られてくるカタログやチラシは捨てずに保管しておくと写真やイラストなどの素材を活用できる。

商品情報がわかる写真を切り抜き、POP用紙の上で配置を決め、文字の大きさなどを決めてからPOPを作成しよう。

一度、全体の配置を決めてからつくるのがポイントです

てきた資料の写真を切り抜いて使いましょう。

　陳列した商品が袋や箱に入り、開封しないと商品自体が見えない場合は、どんな商品なのかをお客様がわかるように、商品全体もしくは、紹介したい特徴部位の写真を選びましょう。お客様の安心感につながります。

　「イメージ写真」は、お客様にインパクトを与えるのに効果的です。ＰＯＰ用紙の背景として使ったり、複数枚つなぎ合わせるなどの工夫をして大きく扱うと、印象を強く残すことができます。「商品写真」同様、カタログや商品チラシ内で使われている「イメージ写真」や、あなた自身が旅行へ行った際に撮影した風景写真などを活用すれば、オリジナルのイメージＰＯＰをつくることもできます。

　切り抜き方のポイントは、トリミング（不要な部分をとり除いて写真を整える作業）は写真をＰＯＰ用紙に置いてから行なうことです。

　そして、文字とのバランスが大切ですので、**文字を書く前に全体のレイアウト（配置）を決める**と作業が楽になります。　なお、人物が写っている場合は、その人に許可を得てから使用してください。

写真をデコってみよう　稼ぐPOPポイント

　写真を魅力的に見せる方法として、写真に色紙などで台紙をつけたり、マスキングテープのようにデコレーションが簡単にできるグッズを使用する方法があります。最近では100円ショップなどでも販売されている様々なデザインのアルバムデコレーション用シールなども、幅広く活用できるのでオススメです。

　写真やデコレーショングッズを使うことで、楽しいポップな雰囲気や、スタイリッシュでかっこいい雰囲気を簡単につくり出すこともできますので、いろいろ試してみましょう。ただし、ブランドイメージを壊さないデザインを心がけましょう。

切り抜き素材を使って完成させよう

チラシの切り抜きは四角のまま使用せず、手書き文字とのバランスを見ながら必要な部分だけ活用すると読みやすく見やすいPOPが作成できる。

きれいな季節の風景写真を撮影しておきましょう

旅行先で撮影した写真をプリントして保管しておけば、必要なタイミングで簡単な季節POPをつくることができる。

column

手書きＰＯＰ「道具」の選び方

　手書きＰＯＰの道具選びのポイントは２つあります。
　ひとつ目のポイントは、「店舗の雰囲気や価格帯に合う素材」を選ぶことです。たとえば、高額商品のＰＯＰならば、高級用紙に万年筆で丁寧に書いたり、和紙に細筆で美しく書いたりしたほうが向いています。逆に手頃な価格帯商品のＰＯＰには、無造作にカットした厚紙やダンボールに、太筆ペンで味わいある文字を書いたり、黒色や赤色の太マーカーで力強く文字を書いたりすることで、親しみやすさや楽しさを演出することができます。お客様に違和感を抱かせない、店舗や商品のイメージに合った素材のＰＯＰ用紙を選びましょう。
　ポイント２つ目は、「用途に合ったマーカー」を選ぶことです。ＰＯＰは文字とＰＯＰパターン（枠や線）の要素でできています。それぞれ、ペン先の「太さ」、インクの「色」と「濃淡」を使い分けることで、自在にＰＯＰを書くことができます。
　ペン先の「太さ」を選ぶ時は、一番目立たせたいキャッチコピーには"太字マーカー"、説明コピーには"中字マーカー"、キャプション（写真などに添える説明文）には"細字マーカー"というように用途に合わせて選びましょう。
　インクの「色」と「濃淡」を選ぶ時は、薄い色（ピンク、黄色、水色、黄緑など）を説明コピーなどの中の強調したい部分に引くアンダーラインに使い、濃い色（黒、赤、青など）をしっかりと読んでもらいたい文字に使うとよいです。
　インクには、水性・油性など種類も様々あります。用紙の材質とインクの相性は選ぶ時の大切な基準です。試し書きをして書き味などを確認しながら、自分に合った道具を選んでください。

6章

難しくない！
パソコンを使って
POPをつくろう

01 簡単フォーマットでラクラクPOPづくり

お悩み

パソコンでPOPをつくりたいけれど、デザインソフトは難しそう。ワードやエクセルでつくりたい。

アドバイス

デザイン専用のソフトウェアを使わなくてもOK！ オフィス系ソフトで簡単にPOPをつくろう。

パソコンPOPというと、専門のデザインソフトが使えないとつくれないのでは？ と思う人も多くいるかもしれませんが、**ワードやエクセルなどのオフィス系ソフトでもPOPをつくることができます。**

オフィス系ソフトは、普段の業務でも使っている場合があるので、時間をかけずに操作できると思います。すぐにはじめられるパソコンPOPで、売れるPOPをつくっていきましょう。

最初にフォーマットをつくっておく **お悩み解決**

ワードやエクセルなどのオフィス系ソフトすべてに共通したPOPづくりのポイントは、**基本のデザインフォーマットを最初につくる**ことです。デザインフォーマットとは、POP用紙のどこに何を配置するのかを決める図面のようなものです。

4章でお伝えした「縦書き」「横書き」のレイアウトを基本にすると、お客様の目線の動きに合わせたPOPをつくることができます。また、共通フォーマットさえつくってしまえば、スタッフ全員がPOPを簡単につくることができるので大変便利です。

パソコンのフォーマットを使おう

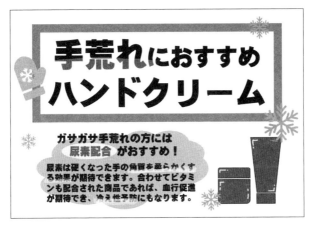

図形を使い簡単なイラストを作成したり、装飾用イラストなどを活用すれば、季節に合わせたPOPがつくれる。

フォーマットに合わせて文章を入力するだけでPOPがつくれます

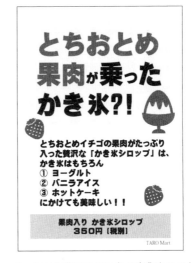

同じフォーマットでも背景などの色を変化させるだけで、まったく違うPOPができあがる。

デザインフォーマットづくりの工程は3つです。

①用紙を大・中・小のブロックに分ける

　用紙サイズ設定後、用紙上半分に四角形のブロック「大」を配置し、下部にブロック「中」と「小」を配置します。

②ロゴや店舗名を入れる

　ブロック「中」と「小」の下もしくは用紙の隅に、店舗のロゴや店舗名を入れます。

③テキストボックスを挿入する

　文章が書き込めるようにテキストボックスをそれぞれのブロックの上に配置します。ブロック「大」はキャッチコピーを入れるため、フォントサイズ（文字の大きさ）を大きくしておきます。Ａ４用紙であれば80ポイントがオススメです。ブロック「中」には説明コピーを入れます。メリハリをつけるため、フォントサイズはキャッチコピーよりも小さくします。Ａ４用紙であれば20〜24ポイントがオススメです。ブロック「小」は、商品写真やイラストを配置できるように空けておきます。すべての配置が終わったら、それぞれのブロックに必要な情報を入れていきます。

バリエーションを増やそう　稼ぐPOPポイント

　基本フォーマットがつくれたら、バリエーションを増やしていきましょう。用紙のサイズ、向きはもちろん、四季に合わせて4種類の背景色をつくっておけば、季節の訴求をすぐに行なえます。また、図形の色やかたち、文字の色などを変えるだけでも幅広い演出が可能です。

　この基本フォーマットに慣れてきたら、「大」「中」「小」ブロックの形を変えたり、背景に写真を使用したりするなど、少しずつ変化させてオリジナルのＰＯＰをつくっていきましょう。

フォーマット見本

横書き／用紙横フォーマット例

キャッチコピー
キャッチコピー

説明コピー説明コピー説明コピー
説明コピー説明コピー説明コピー
説明コピー説明コピー説明コピー

写真
イラスト
など

ロゴ・店名

横書き／用紙縦フォーマット例

キャッチコピーキャッチコピー

説明コピー説明コピー説明コピー
説明コピー説明コピー説明コピー
説明コピー説明コピー説明コピー
説明コピー説明コピー説明コピー

価格・お店情報など

写真
イラスト
など

ロゴ・店名

縦書き／用紙縦フォーマット例

キャッチコピー
キャッチコピー

説明コピー説明コピー説明コピー
説明コピー説明コピー説明コピー

写真
イラスト
など

ロゴ・店名

縦書き／用紙横フォーマット例

キャッチコピーキャッチコピー

説明コピー説明コピー
説明コピー説明コピー
説明コピー説明コピー
説明コピー説明コピー

写真
イラスト
など

ロゴ・店名

6章 難しくない！ パソコンを使ってPOPをつくろう

02 デザインの マンネリ防止策

お悩み

ＰＯＰデザインのマンネリ化をなくしたい。

アドバイス

マンネリ化するとお客様の目に止まりにくくなります。簡単にデザインの幅を広げられるソフトウェアを活用してみましょう。

　手書きＰＯＰは苦手でもパソコンＰＯＰならつくることができるという人は多いようですが、手書きＰＯＰよりもデザインのマンネリ化に陥りやすいのがパソコンＰＯＰです。
　でも、マンネリ化が悪いわけではありません。フォーマットを活用して同じデザインのＰＯＰをつくることは、お店のイメージ統一につながりますし、ブランドイメージを守るためには有効です。
　ただ、マンネリ化によって**お客様がＰＯＰに気づかないことがないよう**お客様の目が止まる工夫を忘れずに行ないましょう。

変化をつける　 お悩み解決

　ＰＯＰに変化がないと、常連のお客様は以前から貼ってあるＰＯＰだと思い、素通りしてしまいます。たとえフォーマットを決めているＰＯＰでも同様です。たとえば、黄色のＰＯＰ用紙に青色マーカーで書くスタイルで有名な書店では、ＰＯＰ用紙はすべて同じでも、文字の大きさ、太さに変化を持たせ、行くたびに違うＰＯＰだと気づかせてくれます。

マンネリの落とし穴

マスクはどれも一緒じゃない！

アゴのかたち、顔の大きさなど、お1人お1人 最適マスクがあります。マスク選びに迷われるお客様のためにしながわ薬局では、スタッフ全員で現在販売されているマスク全商品を勉強しました！お気軽にご相談ください。

花粉症対策はマスクから！

1〜5月の連休明けまで飛散するといわれているスギ花粉・・・
マスク1枚だけでも予防になります！
毎日 数か月間 身につけるマスクは安くて性能のよいものがいいですね。
こちらのマスクは、花粉症にもお財布にもやさしい商品でオススメです。

同じフォーマット＋同じ色合いは、コピーを変更しても同じPOPに見えてしまい、お客様も飽きてしまう。

コピーを変えても変化がわかりにくく、同じPOPに見えては×

6章　難しくない！パソコンを使ってPOPをつくろう

パソコンＰＯＰがマンネリ化しやすい要因は、単にフォーマットの問題ではなく、文字の大きさ、太さもフォーマット化してしまうことです。何が変化したのかわかりづらいのです。
　文字も、大きさ太さだけでなく、色を変化させたり影をつけたりするなど、工夫していきましょう。

販促サイトを活用してみよう　稼ぐＰＯＰポイント

　もう少しデザインの幅を広げたい人には、数多くデザインフォーマットが入っているアプリケーションの活用もオススメです。
　すでにプロのデザイナーが作成したＰＯＰデザインの中から好みのＰＯＰを選び、文字を変えるだけでプロの仕上がりになります。文字の変更だけなので時短にもつながりとても便利です。
　操作に少し慣れてきたら、背景を変えてみたり、写真やイラスト、装飾などを追加してみたりして、オリジナルデザインに挑戦していけばＰＯＰデザインの幅は無限に広がっていきます。

【オススメの販促アプリ・素材サイト】
・iPad、iPhone 専用ソフト「POPKIT」（一部有料素材があります）
https://www.popkit.net　POPKIT（株）
・Windows 専用ソフト キヤノン製プリンター専用ポスター簡単作成ソフト「PosterArtist」
https://cweb.canon.jp/imageprograf/lineup/poster-artist/features.html（ポスター簡単作成ソフト「PosterArtist」はキヤノンマーケティングジャパン（株）の取扱商品です）
・販促物素材ダウンロードサイト「POPlabo」（ヘアサロン専用素材を扱っていますが、幅広く活用できます。直接の編集はできません）
http://www.poplabo.com　（株）菊星

販促アプリ・サイトを使ってみよう

「POPKIT」操作画面。無料スタンプをダウンロードしてオリジナルPOPが作成できる。レイヤーが分かれていて使いやすいのが特徴。
簡単な指操作だから気軽に作成できる（POPKIT(株)）。

キヤノン製プリンター専用ポスター簡単作成ソフト「Poster Artist」操作画面。既存のフォーマットを変更して作成することも、1からオリジナルデザインで作成することもできる（ポスター簡単作成ソフト「PosterArtist」はキヤノンマーケティングジャパン(株)の取扱商品です）。

「POPlabo」サイト画面。POPやカレンダーをダウンロードでき、出力して手書きを加えればPOPとしてすぐに活用できる（(株)菊星）。

03 手書き追加で温もりある パソコンPOPに大変身

お悩み

パソコンPOPのデジタル感や冷たい印象をなくしたい。

アドバイス

印象を変えるためには温もり感を演出することが大切です。手書きを加えて簡単に温もり感をUPさせましょう。

　パソコンPOPは、文字や写真を簡単に整えることができ、きれいに仕上げられるメリットがあります。しかし、手書きPOPに比べると温もりはあまり感じられません。

　昨今、手書きPOPが注目されていますが、その理由は、**手書き文字から感じられる「温度」**だといわれています。その「温もり感」がお客様の目を止め、興味・関心を持たせる要因になっています。

　ではなぜ、「温度」を感じないとお客様は興味を持てないのでしょうか？　それは、**仕上がりがきれいなPOPでは、陳列されている"整った商品パッケージ"のデザインと同化してしまい、お客様の目に止まりにくくPOPに気づかないからです。**

手書き追加で目立たせる　お悩み解決

　温もりを演出する手法として、人物写真やイラストを入れることもありますが、手書きPOPほどの温もりを感じさせるのは難しいものです。そこで、簡単に温もりを伝えられる「手書き文字」を追加してみましょう。

パソコンPOPにひと言追加しよう

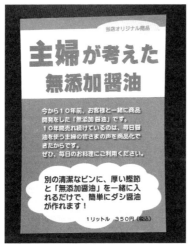

ひと言POPを用紙からはみ出させると、アイキャッチ効果が高まります

パソコンPOPだけでも購買意欲を高める効果はあるが、ひと言POPを追加することで、目線を集めやすくなり、購入を迷っているお客様の購入判断の理由を増やすことができる。

すでに作成したパソコンPOPに、①直接手書きを加える方法と、②手書きのひと言POPを貼る方法があります。
　この2つに共通するポイントは、**パソコンPOPには書かれていない情報を"普段使っている言葉づかい"**で短く書くことです。

　①直接手書きを加える場合は、パソコンPOPのキャッチコピーや説明コピーの文章中の強調したい部分に、太マーカーで下線を引いたり、飾り枠で囲んだりする手作業のひと手間が効果的です。
　その際、もともと記載されている情報の上に文字を書いて情報を消さないように注意しましょう。
　②手書きのひと言POPを貼る場合は、**パソコンPOPからはみ出すように貼る**のがポイントです。お客様の目を引く「アイキャッチ」の役割を持たせることができます。
　商品やブランドイメージを崩さないような配色や用紙の材質を選びましょう。

鮮度のよいお店になろう　稼ぐPOPポイント

　POPは定期的に貼り替え、新しい情報をお客様に提供することがとても大切です。頻繁に情報を提供できるように、追加する手書き文字やひと言POPは、すぐに取り替えられる工夫をしておきましょう。たとえば、パソコンPOPをラミネート加工し、書き直しができるブラックボード用マーカーで手書きを加えたり、ひと言POPを取り外しができるように貼ってはがせるテープで止めたりしておけば、簡単に新しい情報に入れ替えることができます。
　そのように取り組むことで、**「定期的にお客様へ"鮮度のよい情報"を提供してくれるお店」**という印象をお客様に持っていただけます。情報の鮮度を高めて、お店のブランド価値を高めましょう。

情報は定期的に変える

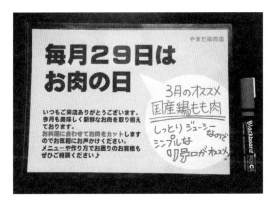

パソコンPOPを作成する際、吹き出しなどで余白部分をつくっておけば、必要な情報を必要なタイミングでお客様に伝えることができる。ラミネート加工の上から水性マーカーで書けば、書き直すこともできる。

書き直しが楽な方法で情報をマメに提供しましょう

ラミネート加工したPOPの空いているスペースに、季節に合わせた情報を追記し、さらにひと言POPを追加すれば、ここだけの耳寄り情報としてお客様には魅力的な情報提供になる。

column

関連商品アピールで売上ＵＰ

　ＰＯＰをつくる時、「商品の何について書こうか」「どんな表現にしようか」とひとつの商品について深く考えると思います。その時、「この商品と一緒にオススメできる他の商品、もしくは他のサービスはないか？」も一緒に考えてみてください。

　どの商品でも、一緒に食べるとおいしい、一緒に使うと便利という相性のよい他商品が必ずあるはずです。そのような関連商品同士を一緒にアピールできれば、客単価を上げることができます。

　たとえば、生鮮売り場でレジピ本を展開したり、お惣菜売り場でビールを展開したり、ジャンルの違う商品同士を一緒に陳列することで、お客様の目と足が止まりやすくなります。また、商品を選ぶことを面倒くさいと思うお客様や時間のないお客様は意外と多く、「今晩の献立はこれにしよう」と、すぐに献立を決めることができて、お客様も助かります。

　そして、お客様は自分よりもお店・商品のことをよく知っている店員がオススメしてくれる商品に対しての"安心感"や、セット販売への"お得感"を感じてくれます。

　移動のできない関連商品を案内する場合は、お店のどこに陳列されているのか？　がすぐにわかる店内ＭＡＰやコーナー紹介などの案内掲示をしておきましょう。お客様の探す手間を省くこともＰＯＰの役割です。

　関連商品をオススメするＰＯＰには、「こちらの商品もご一緒にいかがですか？」という言葉だけでなく、"なぜ一緒がいいのか"理由をしっかり伝えることを忘れずに書きましょう。

　ぜひＰＯＰづくりの際は、「一緒に提案できる商品は？」と自問自答して売上につなげてください。

7章

インバウンド対応！
外国人のお客様向け
POP

01 あってよかった！親切POP

お悩み

最近、外国のお客様が増えたけれど、対応が上手にできない……。

アドバイス

まずは簡単な案内ＰＯＰからでもＯＫ！
外国人観光客が困っていることを解決して集客につなげましょう。

　観光庁が行なった外国人観光客アンケート**「旅行中に困ったこと」の第１位は「多言語案内・コミュニケーション」**、２位は「多言語表示の少なさ・わかりにくさ（観光案内板・地図など）」、３位は「無料公衆無線ＬＡＮ環境」というように、外国からのお客様が増えている一方、多言語による案内や表記が足りていない状況があります（国土交通省 観光庁「訪日外国人旅行者の受入環境整備における国内の多言語対応に関するアンケート」2018年度調査）。

　「うちのお店には外国人観光客は来ないから多言語案内なんて必要ない」という声が聞こえてきそうですが、ＳＮＳの普及により、その日は突然やってくる可能性があります。その時、慌てないように事前にインバウンド（訪日客）ＰＯＰの準備をしておきましょう。

「困った」を解消するＰＯＰ　**お悩み解決**

　アンケート結果からもわかるように、外国人観光客のためには、**「案内ＰＯＰ」「多言語説明ＰＯＰ」**の２種類が必要です。

　お店に必要な「案内ＰＯＰ」には、店舗で使えるクレジットカー

外国人観光客用案内POP

簡単でわかりやすい案内用マーク（ピクトグラム）は、様々なサイトから無料でダウンロードができる。

7章　インバウンド対応！　外国人のお客様向けPOP

ドやデビッドカードのマーク、免税店シンボルマークなどの**販売に関する情報**と、フリーWi-Fiやトイレなどの**サービスに関する情報**があります。どのような「案内ＰＯＰ」も、様々な国籍の人が理解できるような、ピクトグラム（情報や注意を示すために表示される視覚記号「絵文字」「絵単語」など）のようなマークやロゴの表現が向いています。

「案内ＰＯＰ」をつくる時のポイントは、"シンプル"につくることです。デザインにこだわりすぎてしまい、何が表現されているのかわからなければ意味がありません。

また、ＰＯＰを貼る際は、**どこの位置からでも見える場所に貼るようにしましょう。**

「多言語説明ＰＯＰ」では、「何ヶ国語表記したらいいの？」という質問をよくいただきます。たしかに難しい問題ですが、現在あなたのお店に来店する外国人のお客様は、どこの国籍が多いですか？まずは、現在来店してくれている国籍のお客様に合わすことが優先です。インバウンド対応をこれから行なうお店は、訪日人数の多い**「英語」「韓国語」「中国語（簡体字・繁体字）」**の３ヶ国語に対応できるように準備しましょう。

まずは来店してもらうことが大切 〈稼ぐＰＯＰポイント〉

多くの外国人観光客は、スマートフォンを片手に持ち、ＳＮＳやインターネットの情報を参考に観光や買い物を楽しんだり、移動時に迷わないよう地図や乗換案内を確認しています。ということは、スマートフォンが充電できるようにコンセント設備を準備し、「充電ができるお店」とアピールできれば、集客につながりやすくなります。どのような「サービス提供」を行なっているか店頭でアピールし、まずは来店していただくことが重要です。

案内POPは目立つ場所に

原宿ハイカラ Café

店頭のどの位置からでも見えるように、案内POPは目立つ場所に掲示しよう。

7章 インバウンド対応！外国人のお客様向けPOP

02 指をさして伝えよう！インバウンドメニュー

> **お悩み**
>
> 英語が話せない……。
> 会話をしなくても注文を受けたい。

> **アドバイス**
>
> 英語のできないスタッフも笑顔でシートを差し出すだけ！ イラストを使えば、簡単な単語でも理解できます。

特に、飲食店やサービスを提供しているお店では、お客様のニーズ（要求）をうかがい、そのお客様に合ったメニューやサービスを提供しなければならないので、多言語でのコミュニケーションは必須です。しかし、「多言語案内・コミュニケーション」は、外国人のお客様と同様に、多言語に対応できないスタッフ側も困っているのが現状です。

お客様に親切なメニューづくり 〈お悩み解決〉

外国人のお客様に対して、ほとんどの飲食店では、メニューの中から「コレ！」と指をさしてもらう注文方法をとっていると思いますが、そのメニュー、外国人のお客様から見て本当にわかりやすいメニューでしょうか？

外国人のお客様は料理を注文する際、**①実際に提供される料理はどのようなものなのかを知りたい（見た目、量など）②味が知りたい（辛い、甘いなど）③食材が知りたい（魚や肉の種類など）**と、知りたいことがたくさんあり、わからないと不安になります。

外国人観光客の旅行中に困ったこと

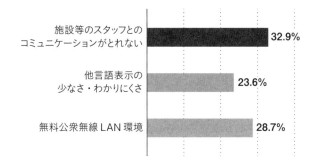

- 施設等のスタッフとのコミュニケーションがとれない　32.9%
- 他言語表示の少なさ・わかりにくさ　23.6%
- 無料公衆無線LAN環境　28.7%

出典：国土交通省 観光庁「訪日外国人旅行者の受入環境整備における国内の多言語対応に関するアンケート」(2018年度調査)より

7章 インバウンド対応！外国人のお客様向けPOP

また、日本では当たり前の「定食」や「セットメニュー」を見慣れない外国人のお客様もいらっしゃいます。**どのような料理が何品提供されるのかを明確にすることも大切です。**

　どの国籍の人でも理解できるように、料理全体が写っている写真やイラストを載せ、「味つけ」や「使用食材」がわかるようにイラストやマークを載せるのもオススメです。

　最近では、中東諸国の観光客も増え、ハラール（イスラム法において合法な食材）認証のお店や、食物アレルギー対応のお店も増えてきています。食材を表示して、お客様の安心につなげてください。

写真とひと言ＰＯＰで対応しよう　稼ぐPOPポイント

　訪日観光客の増加や、外国人労働者の規制緩和などの影響もあり、外国人のお客様は確実に増えています。今はまだ来店が少なくても、ＰＯＰやメニューの準備をしておけば心の準備にもなります。

　ただ、急に全メニューを多言語に対応させるのは大変です。まずは今あるメニューに、写真やひと言ＰＯＰを貼って対応していきましょう。貼り方のポイントは、**メニューから写真やひと言ＰＯＰが飛び出すように貼ること。**アイキャッチ効果が高まります。外国人のお客様にどこを最初に見てもらいたいかを考えて貼りましょう。

　もう少し詳しいオーダーを取らなければ注文ができないお店には、**フローチャート（手順を表わす図式）メニュー**がオススメです。「ＡとＢどちらにしますか？」というような質問に答えていくだけなので、お客様も自分好みのメニューをちゃんと選ぶことができます。お客様に満足感を得ていただきやすく、後々の注文トラブルも回避できるのではないでしょうか。

　参考：東京都多言語メニュー作成支援ウェブサイト「EAT TOKYO」
http://www.menu-tokyo.jp/menu

商品写真を訴求しよう

原宿ハイカラ Café

お店の前を通るお客様へ向けて、どのような料理を提供するお店なのかを写真を通して案内。この写真が決め手となって来店する外国人のお客様は多い。

店内のランチメニュー。実際に提供する食事を俯瞰で撮影した写真は、どのような料理が来るのかが一目瞭然で、選びやすい。

外国人のお客様が来店した際、必要に応じて翻訳メニューをご案内すると、通常メニューの厚みがかさばらない工夫になる。

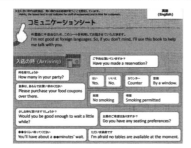

「EAT TOKYO」のコミュニケーションシート。このコミュニケーションシートを参考に自店オリジナルの指さしシートを完成させよう。

7章 インバウンド対応！外国人のお客様向けPOP

03 人気商品にはマスト！商品説明POP

> お悩み

全商品に多言語POPはつけられない……。

> アドバイス
>
> 人気商品は国籍関係なく売れます。人気商品だけでも多言語商品説明POPをつくっておきましょう。

　外国人のお客様も日本人同様、気になる商品を見つけると、どんな商品なのかを詳しく知りたくなります。しかし、言葉が通じなければ、お客様は質問をすることに気後れして、知りたいことが聞けずに購入をあきらめてしまうことがあります。お客様だけでなくお店側にとってももったいない状態です。

　そのようなもったいない接客にならないよう、多言語POPでしっかりと商品情報を伝えていきましょう。

人気商品には外国語POPを　＜お悩み解決＞

　すべての商品に多言語の商品説明POPを追加することは、スペース的にも難しい問題です。そこでまずは、今売れている人気商品に貼り、お客様の動向を見てみましょう。すでに**支持されている人気商品がさらに売れれば、お店を代表する看板商品になります。**

　商品説明は、まず**「誰にオススメする商品なのか？」「どうして人気なのか？」**を明確にし、日本語でしっかりとつくります。その後、翻訳サービスや翻訳のプロにお願いしますが、翻訳をお願いす

説明書ありますPOP

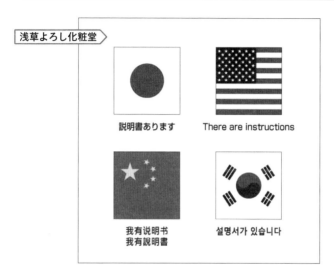

浅草よろし化粧堂

説明書ありますPOP。POPに母国の国旗があれば外国人のお客様は必ず目が止まる。国旗を指さすことで、説明書が見たい意思が伝わる。

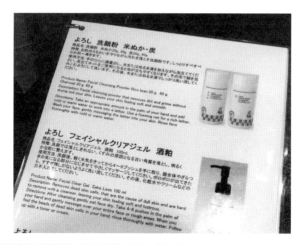

詳しい説明書は別途用意。売り場がゴチャゴチャしない。

る際も「誰にオススメする商品なのか？」をきちんと伝え、**ターゲットに合わせたニュアンス（表現）**にしてもらいましょう。

　翻訳は、現在来店している外国人のお客様の国籍に合わせるのがよいですが、わからなければ、訪日人数の多い「英語」「韓国語」「中国語（簡体字・繁体字）」からスタートするとよいと思います。

　詳しい商品説明が必要な商品については、翻訳した説明書を別途用意しておき、商品棚のＰＯＰには「説明書あります。ご利用を希望される方は、係員にお尋ねください」と各国の言葉で明記し、希望のお客様へ手渡すのもオススメです。

ターゲットを絞ったＰＯＰ　稼ぐＰＯＰポイント

　国によって文化も習慣も価値観も異なります。ターゲットとなるお客様のお国柄に合わせた訴求が大切です。

　たとえば、**アジア圏の中国やタイなどでは、お土産文化が根づいています。**贈り物として「安心安全」な日本製品を好まれることが多く、「日本製」「人気商品」というキーワードを入れると購買意欲を高めるのに効果的です。また、お土産として配れるようにセット商品をつくり「セット割引」「ギフト商品」というキーワードと共に販売するのも効果的です。

　逆に、**アメリカやヨーロッパなどの国では、自分自身が体験できる観光が人気で、**お土産は思い出の品として自分用に購入する人が多く、珍しい商品やその土地でしか手に入らない商品を好みます。「限定商品」「ご当地商品」というキーワードが効果的です。

　２章でもお伝えしたように、「誰に向けたＰＯＰなのか」を明確にすることは、外国人のお客様でも同じです。お客様の買いたい気持ちを高めるためには、まずターゲットを絞ってから、人気商品をオススメしましょう。

外国人が必要とする情報をPOPでお知らせしよう

◁原宿ハイカラCafé

蕎麦の食べ方がわからない外国人のお客様向けの**食べ方説明POP**。初めて食べる料理への不安をとり除くことができる。

中国人が好む色を使った**割引案内POP**。日本人にもわかるような表現で案内をしよう（巻頭カラー12ページ参照）。

日本製を強調する**和風デザインPOP**。英語圏のお客様でもわかるように英語も記載しておこう。

ご当地限定商品などに興味を持つ欧米のお客様向け**名産品案内POP**。商品の案内だけでなく使い方POPも一緒に掲示しよう。

7章　インバウンド対応！　外国人のお客様向けPOP

04 外国語フレーズ集

	日本語	中国語
飲食	ただ今できたてです	刚做好的。
	試食できます	可免费品尝
	自販機にて食券をご購入ください	请从自动售货机购买餐券。
	自慢の一品	招牌菜
	新鮮です	新鲜的。
	お肉は入っていません	里面没放肉。
共通	英語の説明書もあります	有中文说明书。
	詳細はウェブをご覧ください	请参见网站获取详细信息
	中身を確認したい場合はお知らせください	要确认里面内容时，请打招呼。
	こちらはテスターです	这是试用品。
	この地方の名産です	这是这个地区的特产。
	これは日本製です	这是日本产的。
	お買い得（値下げ）	减价（降价）
	セットで買うとお得です	成套买会合算一些。
	ラッピングは無料です	免费包装。
	箱代は別途100円かかります	盒费单收，一百日元。
	今話題の人気商品です	当前流行的商品。
	期間限定	限时优惠
	限定商品	独家产品
	当店限定	仅限本店
	使い方はとても簡単です	使用方法很简单。
	熟練の職人の手でつくられています	是老师傅做的。
案内	フリー Wi-Fi	免费 Wi-Fi
	携帯電話を充電できます	可在此处给手机充电。
	営業時間	营业时间

ＰＯＰで使えるフレーズを、中国語、韓国語、英語の一覧にしました。ぜひあなたのお店のＰＯＰにご活用ください。

韓国語	英語
방금 조리한 겁니다.	This is just cooked and hot.
무료 시식 가능	Free Tasting Available.
자동 판매기에서 식권을 구매해 주십시오.	Please purchase a meal ticket from the vending machine.
특별 요리	Specialty Dish
싱싱합니다.	This is really fresh.
고기는 안 들어 있습니다.	There's no meat inside.
한국어 설명서도 있습니다.	We also have the manual in English.
자세한 내용은 웹 사이트 참조	See website for details.
내용을 확인하고 싶으면 말씀해 주십시오.	Please let us know if you'd like to look inside.
샘플이니까 테스트 해 보세요.	This one is a sample.
이 지방의 명산품입니다.	This is a local speciality.
이건 일제에요.	This is made in Japan.
특가 (가격 인하)	Bargain（Price Reduced）
세트로 사시는 게 더 쌉니다.	We offer special discounts if you buy them together.
포장은 무료예요.	Gift-wrapping is free of charge.
상자 값은 별도로 100 엔입니다.	Gift boxes are available for 100 yen each.
요즘 한창 인기 있는 상품입니다.	This one is very popular now.
기간 한정 판매	Limited Time Offer
한정 상품	Exclusive Product
이 매장 한정	This Store Only
사용법은 아주 간단합니다.	This is user-friendly.
숙련공이 직접 만든 겁니다.	It's handmade by skilled craftsmen.
무료 Wi-Fi	Free Wi-Fi
여기서 휴대폰을 충전할 수 있습니다.	You can charge your mobile phone here.
영업 시간	Opening Hours

column

インバウンド対応の大切さ

　2020年の東京オリンピックへ向けて訪日外国人（インバウンド）の増加が見込まれ、すでに様々な地域で外国人観光客は増えています。しかもその増加予測は、2020年の4,000万人に留まらず、2030年も伸び続けると予想されています（国土交通省 観光庁「観光立国推進基本計画」2017年4月25日）。

　また、2018年4兆円超だったインバウンドの旅行消費額も2020年には8兆円、2030年には15兆円と観光庁は見込んでいます（国土交通省 観光庁「訪日外国人消費動向調査」2019年1月16日）。

　このように、売上拡大が見込めるインバウンド消費への対応は、とても重要な取り組みになってきています。

　訪日外国人を国別に見ると、中国、韓国、台湾の東アジアが圧倒的に多く、続いてタイ、シンガポールなどの東南アジア、その次に、アメリカ、オーストラリアの欧米豪が多く訪日しています（日本政府観光局「2018年訪日外客総数」）。

　最近では、英語が話せない中東の観光客も増えており、代表的な英語、韓国語、中国語だけでは対応できなくなってきているように感じます。

　みなさんのお店では、どこまでインバウンド対応をされていますか？　7章でもお伝えしましたが、必要になるその日は突然やってきます。慌てないように事前にインバウンド向けＰＯＰの準備をしておくことが、自分の心の準備にもつながります。

　多言語を話せるスタッフがいれば鬼に金棒ですが、いなければ、まずは今できる多言語ＰＯＰから、少しずつつくっておくことをオススメします。

8章

クチコミ、SNSに
つながる
POPのつくり方

01 POPを使ったSNSクチコミのしかけづくり

お悩み

SNS経由で新しいお客様を増やしたい。

アドバイス

実店舗からSNSへクチコミをしてもらいましょう！ そして、SNSから実際の来店につなげましょう。

新しいお客様を増やす方法はいろいろとあります。その中でも「クチコミ」は、とても有力な方法だといえます。

クチコミとは、口頭で行なうコミュニケーションのことで、人から人に伝わっていく、いわゆる"噂話"です。つまり、来店してくださったお客様に、みなさんのお店や商品に対する評価や話題を噂してもらい、それを見た（聞いた）新規のお客様に、お店や商品に興味を持ってもらうことが狙いの販売促進です。

この「クチコミ」の力を拡大させるために、お店の情報をSNSで拡散してもらうきっかけづくりをPOPで行なっていきましょう。

つい、いいたくなる情報を発信しよう　**お悩み解決**

お客様がクチコミをしたくなる要素として、**「モノ（商品）」「人（店員）」「コト（体験）」**という情報のキーワードがあります。

「モノ（商品）」とは、お店で取り扱っている商品が、**とても珍しい、すごく人気、驚くほどおいしい**など、他店にはない特徴や話題性のある商品の情報です。POPを使って"ここにしかない商品"とい

つい、いいたくなる情報を発信しよう

◁ 浅草よろし化粧堂

モノ（商品）案内POP。人気商品が入荷したニュースは心待ちにしていたお客様がクチコミにつなげたくなる話題。店頭ボードに貼って案内。

◁ タイヤ館諫早

人（店員）案内POP。どのようなスタッフが働いているのか、お客様は関心を持っている。表情が見える大きい紹介写真でお客様の安心感につなげよう。

◁ HAIR SASAKI

コト（体験）案内POP。お店でのイベントに参加したお客様は、体験談を家族だけでなく多くの知り合いに教えたくなる。

う限定感を持たせることで、商品を知らない人に**教えてあげたい気持ち**や、自分はすごい商品を購入した！　という**自慢したい気持ち**が生まれ、お客様は商品写真をＳＮＳへ投稿したくなります。

「人（店員）」とは、昔、カリスマ店員がブームになったように、**お店で働く店員の人柄や接客術**などにスポットをあてた話題です。店員の接客に感動した話や、個性ある店員がいるお店は、誰かに教えたくなります。ＰＯＰやチラシでスタッフ紹介をしていきましょう。

「コト（体験）」とは、**お店のイベントに参加した体験談や、商品の面白い使い方、オリジナルの食べ方・つくり方などの体験**を通して伝える提案情報です。お店のイベントでは、お客様がＳＮＳに投稿したくなるような"撮影スポット"を会場や店内に設置したり、"お客様オリジナルレシピ"を募集し、お客様に参加していただいたりして、お客様自身に楽しい体験をしてもらうことがクチコミにつながります。

お客様との距離を縮める　稼ぐＰＯＰポイント

実店舗とＳＮＳは、別世界だと思っている人も多いようですが、**どちらも情報が行き交うコミュニケーションの場**です。お店でもＳＮＳでも同じようにお客様に向けて情報を発信していきましょう。

ここで大事なのが、「人（店員）」という要素です。顔を覚えてもらう必要性もさることながら、店員の人柄や人間性が見える文章の書き方にも意識してみましょう。すべてのプライベートをさらけ出すのはオススメしませんが、趣味や好きな食べ物などの情報を開示することで、お客様との距離を縮めることができます。

また、お客様がお友達に情報をシェア（共有）したくなるような**"お得な情報"**もクチコミにつながりやすく、多くの人が欲しい情報です。"つい誰かに話したくなる"しかけをしていきましょう。

イベント当選案内ボード

HAIR SASAKI

クジなどに当選すれば、ほとんどのお客様は誰かに伝えたくなったり、SNSへ投稿したくなる。話題性のあるイベント開催を定期的に行ない、お客様にクチコミしてもらうきっかけをつくっていこう。

お客様の写真は
最強のクチコミ要素です。
たくさんのお客様に
登場して
もらいましょう

8章 クチコミ、SNSにつながるPOPのつくり方

02 実体験の「お客様の声」は最強ツール

お悩み

お客様の感想をクチコミとして活用したい。

アドバイス

まずはお客様のリアルな感想を集めましょう。POPに活用することで、商品への期待値を高められます。

みなさんはインターネットなどの通信販売で買い物をする時、何を基準に選んでいますか？ 多くの人がお客様のレビュー（評価）を見て比較検討していると思います。そうなのです。**「お客様の感想」はクチコミ同様"選ぶ基準"になっているのです。**

3章でもお伝えしましたが、お客様は"不安をとり除きたい"気持ちを持っています。商品やサービスの他者評価を確認することで、自分なりの選ぶ基準を設けることができ、安心して購入を判断することができます。ですから、「お客様の声」を多く集めることは、お客様の判断材料を増やすことになるのです。

お客様に書き込んでもらおう　＜お悩み解決

お客様のリアルな声をいただくためには、アンケートの実施が必要になります。ハガキやインターネット上で行なう大規模なものは手間がかかるので、**売り場で直接コメントを書き込んでいただく「お客様の声募集」**がオススメです。ポイントは、どのようなテーマでお客様に書いて欲しいのかを明確にしておくことです。

お客様の声募集ＰＯＰ

8章 クチコミ、ＳＮＳにつながるＰＯＰのつくり方

商品をまだ使ったことのないお客様へ向けたＰＯＰ。店内に設置した付せんにコメントを書いてもらい、掲示する。鮮度のよい生きたお客様の声は、未体験のお客様には選ぶ基準となるうれしい情報。

目立つようにコーナー化し、大々的に募集することで、それ自体がクチコミにつながることがあります。

テーマとしては、「商品応援メッセージ」や、「使ってよかったと思ったこと」など、お客様が書きやすいテーマにするとよいと思います。また、少しでも多くのお客様に書き込んでいただくために、ＰＯＰは大きくつくりましょう。ＰＯＰを大きくすることで、売り場に活気が生まれ、お客様の目と足を止めやすくなります。

　（注意：医薬品、医薬部外品、化粧品、医薬品等は、使用体験談であっても、薬機法（旧薬事法）で認められた以外の効果をうたうことを禁止しているため、注意が必要です）

ランキングＰＯＰの上手なつくり方　稼ぐＰＯＰポイント

　インターネットの通信販売や飲食店紹介サイトのお客様レビューは、**ランキング方式**によって順位づけされていることが多く、星の数でお店の評価がわかります。このような誰にでも理解できる評価方法を活用し、実店舗でお客様の声を集めてみましょう。

　オススメは、誰でも簡単にその場で投票ができて、難しい説明がいらない「選択式アンケート」です。

　たとえば、「どの味が好み？」という問題に対して、「しょうゆ・塩・みそ」の３択から１種類選んでもらうアンケートです。図表をつくり、好みの味の欄にシールをつけてもらう方法など、自由なやり方で行なえます。商品を販売している期間、アンケートＰＯＰを貼り続けておけば、日々変わる結果を常連のお客様も楽しめます。

　そして、**ある程度、アンケートがたまったら順位をつけてみてください。** 順位をつける際は、順位づけした日付を入れましょう。**日付を入れることで信頼ある情報だとアピールできます。** また、順位がつくことで、上位にある商品は、人気商品という太鼓判を押された演出もでき、商品への期待感を高めることができます。

選択式アンケートPOP

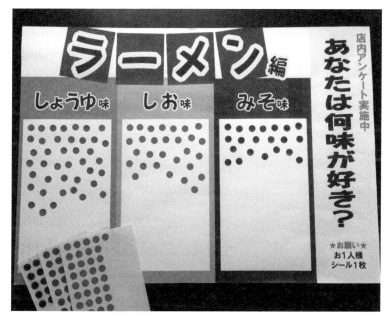

お客様がゲーム感覚で楽しんで参加できるアンケートPOP。味や種類のバリエーションがある商品であれば、どのような商品でも対応する。

選ぶだけのアンケートは、手間がかからないのでお客様は参加しやすいものです

03 店舗とSNSを結ぶ二次元(QR)コード

お悩み

SNSをうまく販促活用したい。

アドバイス

SNSの活用は販促活動の幅を広げます。SNSと二次元コードをうまく活用し、さらなる集客UPにつなげよう。

スマートフォンやタブレットパソコン（タッチ操作可能なパソコン）の普及により、年齢問わずSNSを活用する人口は増え続けています。SNSを活用した販促方法の幅も広がり、様々な方法でお客様に情報を提供できるようになりました。

また、お店側からの一方的な情報提供ではなく、お客様から情報を提供していただくこともあり、SNSは**双方の情報が行き交う、生活に欠かせないコミュニケーションの場**となっています。まだまだ成長が見込まれるSNS市場をうまく活用してお客様の集客、ファンづくりにつなげていきましょう。

気軽にSNSに入れる入口　お悩み解決

SNSに情報を掲載したからといってお客様が必ず読んでくれるとは限りません。そこで、"**SNSへの入口を数多くつくる**"ことが重要になります。

たとえば、チラシやDMハガキにSNSの案内を掲載したり、店舗ではその場でアクセスしてもらえるようにPOPに二次元（QR

お店の〈NK〈に誘導しよう

菊星

今ではいろいろな商品パッケージにもついている二次元（QR）コード。メーカーからもらうチラシやカタログにも印字されている。POPにそのまま貼るだけでSNSへ誘導することができる。

タイヤ館諫早

店舗入口に掲示された**アプリ案内POP**。二次元コードを貼ることで、その場での登録を促せる。

タイヤ館諫早

待合いテーブルに置かれているパンフレットを手にとっていただけるように**ひと言POP**を掲示。待っている間にパンフレット内の二次元コードからアクセスしてアプリ登録を行なっているお客様も増えている。

コードを貼ったりするなど、お客様にＳＮＳの存在を知っていただくことが大切です。

二次元コードはネット上で無料作成することもできます。画像データ形式は、ＪＰＥＧ形式、ＰＤＦ形式は画像がぼやけることがあるので、ＰＮＧ形式もしくは、ＧＩＦ形式を推奨します。また、サイズは一辺の長さが1.6cm以上が読み取りやすい大きさです。実際に読み取りの確認を行なってから使用するようにしましょう。

3章でもお伝えしましたが、お客様は自分にとっての"ベネフィット情報"に興味を持ちます。お店や商品・イベントに関する情報を**「価値がわかる理由」「生活に役立つ提案」「ここだけの体験談」**に絡めて発信し、情報に興味を持っていただきましょう。

もし、ＳＮＳだけにお得情報を掲載した場合は、売り場のＰＯＰで「ＳＮＳに情報を掲載しました」と伝え、二次元コードを通してＳＮＳにアクセスしてもらう工夫をしましょう。

ＳＮＳ上のお客様は不特定多数ですが、ＳＮＳでも具体的なターゲットを決め、ひとりのお客様に向けて伝えることが大切です。

二次元コードでお得なチケット　稼ぐPOPポイント

二次元コードは、インターネットやＳＮＳへのアクセス入口としての役割を持っていますが、二次元コードのリンク先をＵＲＬではなく、テキスト（文字）にすると、「見せるだけチケット」として活用することができます。

二次元コード作成時、普段リンク先のＵＲＬを入力するスペースに「割引券」や「イベント参加券」という文字を入力すれば、二次元コードを読み取った際、画面にその文字が表示され、簡易チケットのように活用することもできます。ただし、長文の入力は二次元コードが読み取りにくくなるので、できるだけ短い文がオススメです。

二次元コード作成での工夫

二次元（QR）コード作成画面

キヤノン製プリンター専用ポスター簡単作成ソフト「Poster Artist」操作画面（ポスター簡単作成ソフト「Poster Artist」はキヤノンマーケティングジャパン（株）の取扱商品です）。

スマホの読み取り画面

オリジナルの二次元コードの使い方で販促の幅を広げましょう

見せるだけチケット。二次元コードを作成する際、文字を入力すれば、そのまま読み取り画面で文字を表示することができる。二次元コードの幅広い活用で新規のお客様を増やしていこう。

column

観光地では必須「ランキングPOP」

　日本全国どこでもご当地商品が販売され、多くの土産店では、その土地でなければ手に入らない商品がずらりと並んでいます。しかし、取り扱う商品数が多く類似品も多いため、何を選んだらいいのか、出張中のビジネスマンや旅行中のお客様は困るのではないでしょうか。
　何がオススメなのか、何が人気なのかを早く知りたいお客様へ向けた「ランキングPOP」の活用で、お客様のお土産選びのお手伝いをしてあげましょう。
　ランキングPOPは、人気商品がひと目でわかる便利なPOPです。ランキングの内容は様々ですが、一般的なのは「人気（売上）ランキング」です。多くの人に支持されている商品は、お客様に安心感を与え、商品を選ぶ目安になります。
　ランキングPOPをつくる際、全商品の売上なのか、カテゴリー（商品群）別の売上なのかを明確にし、統計をとった期間を明記しましょう。期間があることで、情報の信頼度が上がります。
　他には、スタッフが本気でオススメする「スタッフ人気ランキング」や、どのようなお客様に支持されているのかが明確にわかる「お客様層別人気ランキング」など、様々なランキングをつくることができます。
　順位は、お客様がひと目で確認できるように1位〜3位までの表記がオススメですが、人気商品とは別の商品を紹介したい場合は、ランク外として新商品や珍しい商品を紹介するのもお客様の興味を引きつける効果があります。
　自店で取り扱っているお土産を見直し、どのような層に支持されているのか、どのようなランキングにしたらお客様の選ぶお手伝いができるのかを考えてみてはいかがでしょうか。

9章

売上に差が出る！
POP掲示場所

01 目と足が止まる POPの"貼り方"

お悩み

目立つようにPOPを貼っているのに、
見てもらえていないみたい……。

アドバイス

空いているスペースにPOPを貼るだけでは効果は期待できません。お客様の動線と目の高さに合わせてPOPを貼りましょう。

　「稼ぐPOP」がつくれても、「必要な場所」に「必要な情報」を掲示しなければ、お客様はPOPを読んでくれません。お客様が店内のどこを見てどのように歩いているのかを理解し、お客様の行動に合わせた場所にPOPを貼ることが大切です。

ゴールデンゾーンは変わる　お悩み解決

　店内でのお客様の行動を考える時に重要なのが、「ゴールデンゾーン」です。一般的に「ゴールデンゾーン」とは、お客様が商品を見やすく手にとりやすい位置のことをいい、床から75cm〜150cmの売場や商品棚のスペースを指します。POPもこのゾーンに貼ると効果が高いといわれていますが、私は、この「ゴールデンゾーン」は、お客様の動きによって変わると考えています。

①入店する時（ゴールデンゾーン：天井付近）

　店内入口では、店内奥のスペースまで見渡せ、入口から見える天井付近に目線が向きます。

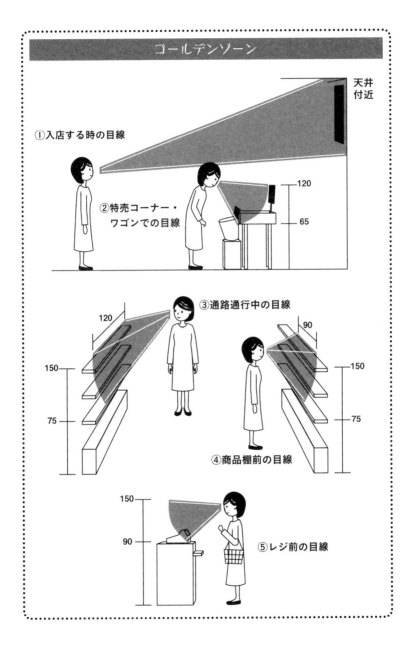

②**特売コーナー・ワゴン（ゴールデンゾーン：床から 65cm～120cm）**
　目線がコーナーやワゴンだけに集中します。ワゴンを見下ろすように目線が下がり、覗き込む姿勢で商品上部に目線が止まります。

③**通路通行中（ゴールデンゾーン：床から 75cm～150cm、横幅は 120cmまで）**
　通路を歩きながら商品を探します。通路の先を意識しながら歩くので、視界が広く、大きな案内ＰＯＰに目線が止まります。

④**商品棚前（ゴールデンゾーン：床から 75cm～150cm＋横幅 90cmまで）**
　商品棚の前で足を止めて商品を探します。各商品に視線を向けるので、視界が狭く商品近くのＰＯＰに目線が止まります（人が近くのものを一覧できる幅は 90cmといわれています）。

⑤**レジの前（ゴールデンゾーン：床から 90cm～150cm）**
　会計待ちの時は目線がレジ方向へ向きます。レジ前は空間が狭く視界も狭いため、手元にあるＰＯＰに目線が止まります。

　また、飲食店や理美容室など、お客様が着席する場合は、椅子に座った位置から見える場所がゴールデンゾーンになります。一般的な椅子であれば、床から 70cm～150cm、ソファのように低い椅子であれば、床から 40cm～120cmが目に止まりやすい高さです。
　また、シニア層のお客様は目線が低いため、床から 100cmくらいまでがゴールデンゾーンとなります。

ＰＯＰを埋もれさせない ◀ 稼ぐPOPポイント

　ゴールデンゾーンには、多くの掲示物が集まります。"今"必要ではない掲示物に新しいＰＯＰが埋もれてしまい、お客様に気づかれないことがないように定期的に貼り替えを行ないましょう。

お客様の目線に合わせたPOP

> 原宿ハイカラ Café

テーブル目線POP：席に着いた時、ちょうど目の高さになるメニューPOP。着席しているのでじっくりと見ることができ、追加注文につながりやすくなる。

> 大船郵便局

店頭目線POP：3段階段を上がったところにある店舗入口。道路から階段を上ってくるお客様の目線の高さに合わせてポスターを掲示。他に掲示物がないため目に止まりやすい。

> HAIR SASAKI

カットイス目線POP：理容室の椅子に座ると目の前に見える商品案内POP。長時間見ることでゆっくり読んでいただくことができ、お客様のほうから自然と質問がしやすい環境をつくっている。

02 期待感を上げる POPの大きさ

> お悩み

告知POPを貼ってイベントの認知度を上げたい。

> アドバイス
>
> POPの目的によって用紙サイズが異なります。告知POPの役割を考え、お客様の目に飛び込むサイズでつくりましょう。

　告知POPの役割は、イベントや販売前の新商品の認知度を上げるだけでなく、お客様に期待感やワクワク感を高めていただくことです。そして、その気持ちのままイベントに参加していただいたり、新商品を購入していただくことです。そのように役割を果たせるかは、POPの用紙サイズが大きく関わってきます。

サイズによって目的が違う　お悩み解決

　POPの用紙サイズは3つに分けられます。
　「**大型POP**」（A1サイズ以上のポスター、のぼりなど）の目的は、店頭や天井などで、告知POPのように、イベントや新商品などの案内を目立つように伝え、**お客様の記憶に残してもらうと同時に期待感を高めてもらう**ことです。
　効果的に期待感を高めるためには、誰もが見てしまうほど大きいサイズのPOPを掲示し、インパクトを与えることがポイントです。お客様の期待値とPOPの大きさは「相関の関係」にあるからです。
　「**商品POP**」（A3サイズぐらいまでのPOP）の目的は、ワゴ

目的に合わせたPOPの種類（大きさ）

大きさ	場所	情報／目的	形状
大型POP	店頭・天井	イベントや新商品の案内を目立つように伝える	A看板、吊下げバナー、黒板POP、ポスター、柱ラッピング、のぼり…など
商品POP	ワゴン・コーナー	提案やオススメの理由をわかりやすく伝える	紙POP、ラミネートPOP、黒板、アクリル板、ダンボール…など
ひと言POP	商品棚	他商品との比較やオススメ理由を短い言葉で伝える	ひと言POP、ミニ黒板、デジタルPOP、付せんPOP…など

POPの大きさや形状によってお客様の情報の受けとり方が変わります

9章 売上に差が出る！ POP掲示場所

ンやコーナーなどで展開している商品のオススメ理由をわかりやすく説明し、**お客様に興味を持ってもらう**ことです。思わず買いたくなるようなお客様のベネフィットを具体的に書きましょう。

「ひと言ＰＯＰ」（手のひらサイズのＰＯＰ）の目的は、商品の近くに貼り、他商品との比較やオススメの理由を短い言葉で伝え、**購入を迷うお客様の背中を押してあげる**ことです。また、ひと言ＰＯＰはアイキャッチ効果があり、お客様の目と足を止める効果も生みます。ベタベタと大量に貼らず、２〜３枚程度で展開することがポイントです。枚数が少ないことでＰＯＰが目立ちます。

お客様の関心事を効果的に伝えよう　稼ぐPOPポイント

３章でお伝えしたお客様の関心事である**「安心感」「お得感」「ワクワク感」**を各用紙サイズの目的に合わせて伝えていきましょう。

「大型ＰＯＰ」で「安心感」を感じてもらうには、取り組みや活動を伝えます。スタッフの顔を出すと効果的です。「お得感」を感じてもらうには、キャンペーン情報・セール情報などを伝え、「ワクワク感」を感じてもらうには、イベント告知・新商品発売告知などを伝えます。

「商品ＰＯＰ」で「安心感」を感じてもらうには、素材のこだわり・権威性などを伝えます。「お得感」を感じてもらうには、食べ方使い方などの利用シーンを提案します。「ワクワク感」を感じてもらうには、スタッフやお客様が使った体験談を伝えると効果的です。

「ひと言ＰＯＰ」で「安心感」を感じてもらうには、愛用者数・人気の理由などを短い言葉で伝えます。「お得感」を感じてもらうには、他商品との比較や違い、関連商品などを提案します。「ワクワク感」を感じてもらうには、体験時の思わず出た感想をひと言書くと強く印象づけることができます。

POPの大きさ活用術

> 岩井の胡麻油

イベント会場での大型POP：イベント会場や大きな催事場では、まずお客様の目に止まらなければ集客につながらない。遠くからでも見える大型POPを設置。

> 菊星

> タイヤ館飯塚

商品棚に貼る商品POP：商品そのものを紹介するPOPだけではなく、商品の必要性を伝える商品価値POPなど、様々な特徴のPOPがある。どのPOPも商品を使うとどのようなベネフィットがあるのかを明確に書くことが大切。

> タイヤ館飯塚

> 小田原扇町郵便局

ひと言POP：商品に直接貼ったり、パソコンPOPに補足情報を追加したり、幅広く活用できる。普段づかいの言葉で伝えることでお客様との距離を縮めよう。

03 通行人にアピールできるボードとウィンドウPOP

お悩み

通行中のお客様が目を止めるブラックボードを書きたい。

アドバイス

ポイントを押さえれば、お客様の目と足を止めることができます。店舗入口やウィンドウで新規のお客様の期待感を高めましょう。

お店の外にある看板やブラックボードは、お店を知らないお客様にはとても重要な情報源です。お店の存在に気づいていないお客様にお店があることをアピールすることができ、お店に入店しようか迷っているお客様の大きな決断材料にもなります。

「色」「季節感」「光」で印象づける！ 〈お悩み解決〉

ブラックボードをお客様の目に止めるには、「色」「季節感」「光」がポイントになります。

「色」とは、ボード自体の色とマーカーの色のことをいいます。

みなさんがお使いのボードは、お店の外壁の色と違う色ですか？ 黒色のボードが溶け込んでしまいそうな黒っぽい外壁の場合は、黒色以外の色のボードを準備することをオススメします。最近は、ボードや枠の色が赤や白などカラフルなボードが販売されています。まずは、店頭で目立つボードの色を選びましょう。

マーカーの色も同様に、ボードの色に溶け込まない、明るい色を使いましょう。黒色のボードの場合は、白色・黄色・水色・ピンク

ブラックボードで演出しよう

> タイヤ館諫早

毎月書き替えている店舗入口のブラックボード。季節に合わせた演出が入店するお客様の目に止まり、ワクワク感を高められる。

> Wine and Weekend

植物や空びんの演出から店主の人柄を垣間見ることができる。また、商品ボードに照明をつけることで夜でも目立たせることができ、長時間案内が可能なウェルカムボードになっている。

> 小田原扇町郵便局

ATMに並ぶお客様向けのブラックボードをはじめ、並ぶ時間を短く感じられる工夫を店舗全体で行なっている。

色をメインで使い、他の色は囲み線や吹き出しなどで使用します。また、文字の大きさや太さも、キャッチコピーと説明コピーにメリハリを持たせると遠くからでも目に止まりやすくなります。

　四季のある日本で暮らす私たち日本人は特に、**季節を感じるものが目に飛び込んでくると思わず見てしまいます**。季節のイラストを描いたり、季節を感じる装飾小物を使ってボードを飾ったりして、**「季節感」**を演出しましょう。ただし、ボードに書かれた文字に視線が向かなくならないよう、つけすぎには注意しましょう。

　また、**夕方から夜にかけて、ボードが見えづらく文字が読めない場合があります**。ボードにライトが当たるように設置し、暗い時間帯もしっかりアピールしましょう。ＬＥＤライト搭載のボードも販売されています。お店の雰囲気に合う照明とボードを選びましょう。

メッセージの鮮度を高めよう　◀ 稼ぐPOPポイント

　ブラックボードの利点は、書き直しが何度でもできることです。同じ内容を長期間掲示するとお客様は飽きてしまいます。「週刊ブログ」や「今日の記念日」など、メッセージを定期的に変え、鮮度ある情報を伝えていきましょう。

　また、両面あるボードの場合は、表裏違う情報を書くことができ、ボード面をひっくり返せば、情報提供するターゲットを変えることができます。たとえば、朝は通勤するお客様へ「いってらっしゃい！朝食にコーヒーとサンドイッチいかがですか？」と書き、夜は「お疲れ様でした。冷えたビールを用意しています！」と書けば、**1台のボードで2種類のアプローチをすることができます。**

　またブラックボードがなくてもウィンドウ（ガラス）をボード代わりに活用することもできます。ボードよりも大きな面積に書けるのでインパクトを与えられ、楽しい雰囲気を簡単に演出できます。

ウィンドウPOPで目を引こう

道路に面した窓にイラストや文字を書くことで、通行人や車にお店のアピールを簡単に行なうことができる（日本理化学工業株式会社「キットパス」使用）。

田富郵便局

窓に描いて簡単に消せる筆記具「キットパス」の販売窓口向いの窓にお絵描きコーナーを設け、実際にお客様に体験していただき、そこから売上につなげている。

9章 売上に差が出る！ POP掲示場所

column

ＰＯＰで注意すること

　ＰＯＰは、楽しく自由に書いてＯＫ！　だと私は思っています。そのほうが長く書き続けられるからです。ただし、ルールは必要です。何でもアリにしてしまうと、お客様に迷惑をかけてしまったり、競合店との争いに発展してしまったり……。

　そこで、ＰＯＰをつくる上で注意してほしいことがあります。それは、「景品表示法」についてです。

　「景品表示法」は、正式には「不当景品類及び不当表示防止法」といい、一般消費者の利益の保護を目的とした法律です。

　この「景品表示法」の中で、ＰＯＰづくりにおいて特に知っておいたほうがよいと思う法律は、「表示関連」の優良誤認表示の禁止、有利誤認表示の禁止、比較広告、不実証広告規制、二重価格表示、商品の原産国に関する不当な表示です。他には「景品規制」に関する法律もあります（詳しくは、消費者庁ホームページ「景品表示法」をご確認ください。https://www.caa.go.jp/policies/policy/representation/fair_labeling）。

　また、医薬品や化粧品も薬機法（旧薬事法）など独自のルールが存在しています。みなさんの扱う商品は、どのような表示がＮＧなのか？　どこまではＯＫなのか？　今一度確認することをオススメします。

　「そんな細かいことをいわれたら、楽しく自由にＰＯＰを書けない……」と感じた人もいるかもしれません。しかし、みなさんが書いたＰＯＰによって、お店の信用を失うこともあるということだけは覚えておいてください。

　みなさんが楽しく長く書き続けるためには、文字の書き方だけでなく、様々な情報を知っておくことも重要なのです。

10章

POPメンテナンスを
上手に行なおう

01 POPにも寿命はある！書き直しの必要性

お悩み

POPをいつまで貼っていていいのか知りたい。

アドバイス

同じPOPを貼り続けるとPOPもお店の一部になり風景化します。POPの書き直しは定期的に行ないましょう。

定番商品などのPOPは気がつくと数年も貼りっぱなし……ということがありませんか？ スタッフも常連のお客様もPOPの存在に気がつかず前を通りすぎている可能性があります。

くたびれたPOPはお店の印象を下げるだけでなく、売上にも影響します。POPの書き直しは定期的に行ないましょう。

貼り出し期間を見直そう 〈お悩み解決〉

POPを書き直すタイミングには、短期と長期がありますが、**最長でも1年で新しいPOPにすることをオススメ**します。ただし、トイレ案内、コーナー案内など「案内POP」に関しては、日焼けせずきれいな状態を維持しているなら、1年以上の掲示もよいでしょう。

【短期で書き直すPOP】

短期の中でも**「毎日」「週」「月」**のタイミングがあります。

「毎日」は、ブラックボードなどで毎日違う情報をお客様へ提供するPOPです。書き直す際は、ボードをキレイに拭いてから書

POPを書く頻度を考える

毎日更新するブログPOPは、楽しみにしているお客様が必ずいる。商品情報は少しだけにして、営業色を出しすぎずにスタッフの話をメインで発信することでお客様との距離を縮められる。

新商品情報など週単位で書き変えるPOPは、季節やイベントに絡めた切り口で商品を紹介したり、期間限定をアピールし、売り切れるようにしよう。

季節イベントなどで長期掲示するPOPは、長く掲示していても飽きないデザインにすることも大切。また、長く掲示するためにも破れにくく、汚れのつきにくい用紙を選ぶこともポイントです。

ましょう。拭き残しや汚れがあると、お客様のお店に対する期待感が下がる可能性もあります。

「週」は、コンビニエンスストアなどの毎週発売される新商品のＰＯＰです。商品を売り切るためにもＰＯＰの書き直しは必須です。

「月」は、季節に絡めた商品やイベントのＰＯＰです。季節ＰＯＰは１ヶ月程度、その他は３ヶ月程度で書き直しましょう。

【長期で書き直すＰＯＰ】

１年単位で書き変えたほうがよいＰＯＰは、前述の案内ＰＯＰだけでなく、家電製品など**新製品の発売が半年や１年単位の商品に**つけるＰＯＰです。ただし、家電製品や携帯電話などに、新発売ＰＯＰを長期間貼ると"型落ちした印象"をお客様に与えてしまいますので、「何年モデル」という表現で新しさをアピールしましょう。

また、医薬品、化粧品の「新発売」「新しい」という表記に関しては、１年間の使用と「医薬品等適正広告基準」で決まっています。期間に注意してＰＯＰの書き直しを行ないましょう。

鮮度のいいＰＯＰをつくる　稼ぐPOPポイント

新しいＰＯＰに書き直す際、それまで掲示していたＰＯＰとは違う切り口の内容にしましょう。

たとえば、「新商品」と呼ばれる期間を過ぎた商品に関しては、新しさをアピールするのではなく「４月の発売から500個販売しました！」などの売れた実績や、買った理由を述べてくれる「お客様の声」を掲示し、どれだけ売れているのか？　人気なのか？　を数字や他者評価を交え、お客様に伝えましょう。

ＰＯＰも生き物です。鮮度のよい時期をすぎたら新しい情報に進化させ、見た目もきれいにしましょう。きれいなＰＯＰは、「衛生的で、快適な状態を維持できるお店」と印象づけることもできます。

POPは定期的に書き替えよう

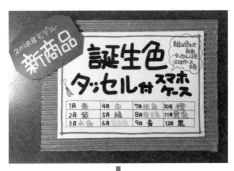

POPも鮮度が命。長く掲示していることで商品価値を下げてしまうことがある。定期的に書き替えて新しい情報を提供していこう。

POPも売り場も生き物です。時間が経った内容は古い情報に感じます

10章　POPメンテナンスを上手に行なおう

02 古くなったPOPの復活方法

> **お悩み**
>
> POPのメンテナンス方法を知りたい。

> **アドバイス**
>
> 本来は古くなったPOPは書き直しが必要です。書き直すまでの応急処置として、古いPOPをメンテナンスしましょう。

長期間同じPOPを貼るのはオススメしませんが、POPを専門で担当していたスタッフが退職してしまった……など、様々な理由で古いPOPを使い続けなければいけないお店もあると思います。

せっかく売れているPOPならば、「長く使用したい！」という気持ちはわかりますが、汚れていたり、用紙がヨレているPOPは、商品やお店への期待感を下げることにつながります。

基本的には書き直しが必要ですが、時間がない時は仮POPとして、**すぐにできる補修でPOPを復活させましょう。**

種類別メンテナンス方法 〈お悩み解決〉
【紙のPOP】

ヨレが発生している場合は、用紙の強度を強めるために、**裏から台紙となる厚紙や色紙を貼りましょう。**また、破れている場合は、裏から透明テープで補修したり、裂け目が文字にかかっていない場合は、切れている部分を含め、**まわりの余白をカットしましょう。**台紙を貼る場合は、POPより大きいサイズにすると、**額縁効果**が

紙POPの修復法

紙のPOPは、破れなどをそのままにせず、少し手を加えて生まれ変わらせよう。

まわりをカットして
裏から色紙を貼るだけで
ＰＯＰイメージが
変わります

10章　POPメンテナンスを上手に行なおう

生まれ、POPに視線を集めやすくなります。4章でお伝えした「余白」と同じように、POPに書かれている情報を際立たせることができ、同時に目線をPOPの内容に集中させることができます。

【ラミネート加工POP】
　POP用紙をラミネート加工している場合は、布で汚れを拭きとりましょう。汚れがひどい場合は、**中性洗剤などを使用してしっかりと落とすようにしてください**。また、ラミネート加工がはがれてしまっている場合は、はがれたラミネート部分をカットして、新たにラミネートをし直すか、**POPの端を覆うようにマスキングテープを貼る**とキレイに補修でき、見た目も変化させることができます。

【ブラックボード】
　外に設置したボードには砂埃が付着したり、ものとぶつかって文字がかすれたりすることが多くあります。簡単な掃除であれば、**乾いた軟らかい布で軽く拭く**だけでもきれいになります。文字の擦れは、**同じマーカーで消えた部分を補修**して文字を復活させましょう。
　ただし、同じ内容を長期間掲示するとお客様は飽きてしまいますから早めに書き直して新しい情報をアピールしましょう。

ポスターも見直そう　稼ぐPOPポイント

　メンテナンスが必要なのはPOPだけではありません。意外と見落としてしまうのが「ポスター」の存在です。ポスターはメーカーから送られてきたものや、本社や本部がつくったものなど様々あると思いますが、どのポスターでも長期間の掲示はオススメできません。POP同様、色があせたり、破けたり……というポスターは、**面積が大きい分、お客様の目にも止まりやすく、お店のイメージダウンにつながってしまいます**。きれいにはがしてそのまま壁面を見せておいたほうがお店のイメージUPにつながります。

ラミネートの修復法

はがれたラミネートは、マスキングテープなどを上から貼ることで見た目も変身させることができる。

POPの縁をテープなどで貼れない場合は、はがれた部分を両面テープで貼り合せたり、カットをしてマスキングテープなどで別台紙に貼ったりすると長持ちする。

03 楽しくラクにPOPをつくり続ける計画表

お悩み

POPをつくる時間がとれない……。

アドバイス

計画を立てておけば、必要な時にすぐPOPをつくることができます。まずは計画表をつくってみましょう。

「POPを書くことで売上は上がります。時間をつくりましょう！」と漠然といわれても、通常の業務を行ないながらPOP作成の時間を設けるのは大変なことです。そこで、計画表をつくっておきましょう。

お店づくりはチームワークが命です。上司やまわりのスタッフと協力して計画を立て、みんなでPOPづくりを行なってください。

年間計画が重要！　お悩み解決

POPをつくり続けるには、年間を通して考えることがポイントです。本書の巻末付録に**「POP演出カレンダー」**をつけました。この5Wの欄にPOP計画を書き込み、1章でお伝えした「10分調べ」をPOPが必要になる期間の約1ヶ月前からスタートしてください。そして、**ひとつの商品を調べたら、翌日はPOPをつくる。**という流れを1ヶ月間で続けていただきたいのです。1ヶ月間毎日10分間商品と向き合うことで、計画通りにPOPをつくることに慣れてくると思います。

季節を彩るPOPをつくろう

成人式POP：毎月のようにある季節の行事。季節に合わせた商品やサービスは必ずお客様にアピールしよう。いつも何かしている活動的なお店だという印象をつけることができる。

小田原扇町郵便局

年賀状POP：職員同士で案を出し合い、季節に合わせた演出を行なっている。とてもクオリティの高い演出だが、ここまで大胆に変化したら、お客様は毎回楽しみになる。

5Wとは、「When（いつ）時・季節／Where（どこに）ＰＯＰを貼る場所／Whom（誰に）ターゲットのお客様／What（何を）商品・サービス／Why（どうして）目的」のことです。

お客様の感情を動かすには、四季折々の演出も大切です。「演出カレンダー」には季節を感じられる行事や小物なども記載していますので、陳列やディスプレイの計画の参考にもなると思います。

毎月の記念日を活用しよう 稼ぐPOPポイント

「ＰＯＰ演出カレンダー」には「オリジナル記念日」枠が空欄で設けてあります。ここには、お店にまつわる記念日など、自店に関係する記念日を記入してください。

また、**日本には年間を通していろいろな記念日があります。**

たとえば、食品関係のお店であれば、

5日	チーズケーキの日	15日	菓子の日
6日	手巻きロールケーキの日	15日	いちごの日
8日	果物の日	19日	シュークリームの日
11日	麺の日	22日	ショートケーキの日
12日	パンの日	29日	肉の日

という毎月の記念日があります。

他にも年間を通して、様々な記念日がありますので、扱っている商品やサービスに絡めて訴求するのもオススメです。記念日はインターネット検索するといろいろと出てきます。

季節行事や記念日、イベントなどを年間で考えることは、事業計画にもつながります。「ＰＯＰ演出カレンダー」に慣れてきたら、「目標売上（販売数）」など、具体的な数字の目標設定をして売上を意識してみましょう。

記念日は毎日ある！

ギフトPOP： 誰かにプレゼントしたくなる商品展開とディスプレイ。記念日に合わせたプレゼント提案はお客様の購買意欲を刺激する。

記念日POP： 毎日の記念日に合わせた商品紹介POP。記念日は決まっているので計画的に書くことが可能。「POP演出カレンダー」に自店に関係している記念日を書き込んでおくと、すぐにPOPを書くことができる。

付録：ＰＯＰ演出カレンダー

ＰＯＰ演出カレンダーの使い方

　10章でもお伝えしました通り、楽しくラクにＰＯＰをつくり続けるためには、まず年間計画を立てることが大切です。そして、ＰＯＰづくりを負担に感じない工夫が重要になってきます。
　そこで、「ＰＯＰ演出カレンダー」がオススメです。

「ＰＯＰ演出カレンダー」は、
① 何からはじめればいいの？　が明確になり、頭の中を整理できる。
② 計画を立てることで、ＰＯＰづくりの準備をしっかりできる。
③ ＰＯＰづくりをパターン化させることで、作業負担を軽減できる。
　など、様々なメリットがあります。

　はじめに、**イベント欄の「オリジナル記念日」**に、お店にまつわる記念日など、自店に関係する記念日を記入します。
　次に、**ＰＯＰ計画欄**の「**When**（いつ）掲示時期は？／**Where**（どこに）掲示場所は？／**Whom**（誰に）お客様は誰？／**What**（何を）商品・サービスは？／**Why**（どうして）目的は？」を記入していきます。
　【メモ】には、目標の売上や販売個数、ＰＯＰ作成予算などをメモしておきましょう。数字を意識することで目標を意識でき、意欲的に取り組めます。
　ＰＯＰ掲示終了後は、**結果欄**に売上や感想などをメモします。その際に必ず、掲示方法や演出方法などがわかるように、ＰＯＰ写真や手描きイラストを一緒に貼ってください。

このような取り組みを年間通して行なうことは、ＰＯＰの売上検証だけでなく、オリジナルのＰＯＰ作成ノウハウを貯めることにもつながります。
　ぜひ、自店オリジナル万能カレンダーとして活用していただき、スタッフのモチベーションとお客様の笑顔、そして売上を伸ばしてください。

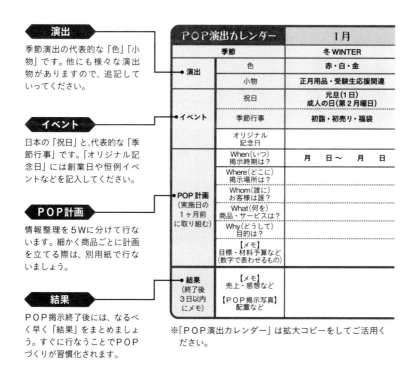

演出
季節演出の代表的な「色」「小物」です。他にも様々な演出物がありますので、追記していってください。

イベント
日本の「祝日」と、代表的な「季節行事」です。「オリジナル記念日」には創業日や恒例イベントなどを記入してください。

ＰＯＰ計画
情報整理を５Ｗに分けて行ないます。細かく商品ごとに計画を立てる際は、別用紙で行ないましょう。

結果
ＰＯＰ掲示終了後には、なるべく早く「結果」をまとめましょう。すぐに行なうことでＰＯＰづくりが習慣化されます。

　ＰＯＰづくりの計画スタート時期は、遅くても掲示実施予定日の１ヶ月前には行ないましょう。突発的なＰＯＰ作成の場合は難しいですが、イベントや季節の商品展開などは、しっかりと計画を立てることで集客売上につなげることができます。

POP演出カレンダー		1月
季節		冬 WINTER
演出	色	赤・白・金
	小物	正月用品・受験生応援関連
イベント	祝日	元旦(1日) 成人の日(第2月曜日)
	季節行事	初詣・初売り・福袋
	オリジナル 記念日	
POP 計画 (実施日の 1ヶ月前 に取り組む)	When(いつ) 掲示時期は？	月　　日 ～ 月　　日
	Where(どこに) 掲示場所は？	
	Whom(誰に) お客様は誰？	
	What(何を) 商品・サービスは？	
	Why(どうして) 目的は？	
	【メモ】 目標・材料予算など (数字で表わせるもの)	
結果 (終了後 3日以内 にメモ)	【メモ】 売上・感想など	
	【POP掲示写真】 配置など	

2月	3月
冬 WINTER	春 SPRING
赤・ピンク・白	パステルカラー
鬼の面・豆・ハート	おひな様・卒業関連・新入準備
建国記念の日(11日)	春分の日(20日頃)
節分(3日) バレンタインデー(14日)	ひな祭り(3日) ホワイトデー(14日)
月　　日　〜　月　　日	月　　日　〜　月　　日

POP演出カレンダー		4月	
季節		春 SPRING	
演出	色	ピンク・白・黄色	
	小物	お花見・入学入社関連	
イベント	祝日	昭和の日(29日)	
	季節行事	入学式・入社式	
	オリジナル記念日		
POP計画 (実施日の 1ヶ月前 に取り組む)	When(いつ) 掲示時期は？	月　　日 ～ 月　　日	
	Where(どこに) 掲示場所は？		
	Whom(誰に) お客様は誰？		
	What(何を) 商品・サービスは？		
	Why(どうして) 目的は？		
	【メモ】 目標・材料予算など (数字で表わせるもの)		
結果 (終了後 3日以内 にメモ)	【メモ】 売上・感想など		
	【POP掲示写真】 配置など		

5月	6月
春 SPRING	夏 SUMMER
緑・白・水色	緑・青・紫の濃淡
GW・こいのぼり・カーネーション	梅雨関連・旅行関連
憲法記念日(3日) みどりの日(4日) こどもの日(5日)	
母の日(第2日曜日)	父の日(第3日曜日)
月　日 ～ 月　日	月　日 ～ 月　日

POP演出カレンダー			7月
季節			夏 SUMMER
演出	色		白・青の濃淡
	小物		七夕飾り・海水浴・風鈴
イベント	祝日		海の日(第3月曜日)
	季節行事		七夕(7日) 土用丑の日
	オリジナル 記念日		
POP計画 (実施日の 1ヶ月前 に取り組む)	When(いつ) 掲示時期は？		月　日　～　月　日
	Where(どこに) 掲示場所は？		
	Whom(誰に) お客様は誰？		
	What(何を) 商品・サービスは？		
	Why(どうして) 目的は？		
	【メモ】 目標・材料予算など (数字で表わせるもの)		
結果 (終了後 3日以内 にメモ)	【メモ】 売上・感想など		
	【POP掲示写真】 配置など		

8月	9月
夏 SUMMER	秋 AUTUMN
白・青・黄・オレンジ	茶・ベージュ・紫
ヤシの葉・花火・キャンプ	とんぼ・もみじ・すすき・ぶどう
山の日(11日)	敬老の日(第3月曜日) 秋分の日(22日頃)
夏休み 盆踊り	十五夜 秋祭り
月　　日　〜　月　　日	月　　日　〜　月　　日

POP演出カレンダー			10月
季節			秋 AUTUMN
演出	色		オレンジ・茶・黄の濃淡
	小物		柿・栗・つた・落ち葉・書籍
イベント	祝日		体育の日(第2月曜日)
	季節行事		読書週間(下旬) ハロウィン(31日)
	オリジナル 記念日		
POP計画 (実施日の 1ヶ月前 に取り組む)	When(いつ) 掲示時期は？		月　　日 〜 　月　　日
	Where(どこに) 掲示場所は？		
	Whom(誰に) お客様は誰？		
	What(何を) 商品・サービスは？		
	Why(どうして) 目的は？		
	【メモ】 目標・材料予算など (数字で表わせるもの)		
結果 (終了後 3日以内 にメモ)	【メモ】 売上・感想など		
	【POP掲示写真】 配置など		

11月	12月
秋 AUTUMN	冬 WINTER
茶・朱・紫の濃淡	赤・白・金・銀・緑
千歳飴・紅葉・画材	クリスマス関連・スキー用品
文化の日(3日) 勤労感謝の日(23日) 七五三(15日) いい夫婦の日(22日)	冬休み クリスマス(25日)
月　日　〜　月　日	月　日　〜　月　日

おわりに

　10章までのお悩み解決方法と、稼ぐＰＯＰづくりのヒントは、みなさんのお悩みに沿った内容でしたでしょうか？
　みなさんのお悩みを一瞬で解決するのは難しいと思いますが、"今"できることからひとつずつ取り組んでいただき、解決へ向けて進んでいただきたいと思っています。

　今回お伝えしたノウハウは、私の今までの現場経験と行動心理学、そして、独立して間もなく出会えた「コトＰＯＰ®」の考え方をベースに書かせていただきました。

【コトＰＯＰ®とは】
お客様がメリットと感じる３つのコト「価値がわかるコト」「役に立つコト」「ワクワクするコト」を訴求して、お客様の買いたいという感情を引き出して、買いたい気持ちを高めることに特化したＰＯＰ広告※のことです。
※ＰＯＰ広告：購買時点広告（Point of Purchase）主に商店で用いられている広告媒体のこと

　さらに、本書を執筆するにあたり「お客様の目線でトータルに見る」ことを強く意識しました。
　お客様は、チラシを見てお店で商品を購入したり、インターネットから商品を購入したり、様々な場所で買い物をしています。
　多くの組織では、ＰＯＰ、ディスプレイ、チラシ、ＷＥＢ……と、担当を分けることがありますが、本来は自分の持ち場だけではなく、

他の媒体（購入場所）にも興味を持ち、「お客様の目線でトータルに見る」ことがとても重要だと思っています。なぜならば、お客様が見ているすべての媒体は、同じ商品・同じお店につながっているからです。

　そのように、トータルに考えられるお店が、売上を伸ばす繁盛店になっていくのだと私は考えています。

　ですから、本書をＰＯＰだけではなく、チラシやＤＭ、ホームページなどの媒体づくりのヒントにもしていただき、販売促進をトータルで最強化していただけたら幸いです。

　最後に、本書執筆のきっかけをつくってくださったコトＰＯＰ®の第一人者、山口茂先生をはじめ、永井久美子先生、店舗の取材・ＰＯＰのご協力をいただきました多くのみな様に心よりお礼申し上げます。

　そして、同文舘出版の古市編集長、編集をご担当くださいました津川様には、出版までの長い道のりをサポートしていただき深く感謝申し上げます。

　最後までお読みいただき、本当にありがとうございました。

2019年4月　森本純子

special thanks

岩井の胡麻油（株）　様
大船郵便局　様
小田原扇町郵便局　様
（株）菊星　様
キヤノンマーケティングジャパン（株）　様
田富郵便局　様
原宿ハイカラ café　様
ブリヂストンリテールジャパン（株）タイヤ館飯塚　様
ブリヂストンリテールジャパン（株）タイヤ館諫早　様
ブリヂストンリテールジャパン（株）タイヤ館佐世保　様
HAIR SASAKI　様
POPKIT（株）　様
（株）美濃屋あられ製造本舗　様
（株）よろし化粧堂　様
Wine and Weekend　様
（株）渡辺畜産　様

（五十音順）

著者略歴

森本　純子（もりもと じゅんこ）
モリモトデザインオフィス 代表
ＰＯＰ・ディスプレイコンサルタント／イラストレーター

東京都出身。1996年ベッドメーカーに入社。全国の販売店のＰＯＰ・ディスプレイを担当。その後、企画制作会社に入社。ハウスメーカー・住宅設備機器メーカーのイベント・ＤＴＰ制作ディレクター兼住宅図面パース制作を担当。2009年に独立。ＰＯＰ・ディスプレイのコンサルタント、研修、セミナー、講演などを通して、5,000人以上の店舗販促のお悩みを支援。「お客様目線」を大切にしたアドバイスは、多くのクライアントから支持されている。

ワコアインテリアスクールインテリアコーディネーター科・パース科 修了／日本コトＰＯＰマイスター協会認定コトＰＯＰインストラクター／一般社団法人日本ダイレクトメール協会認定ＤＭアドバイザー／日本理化学工業株式会社認定キットパスアートインストラクター

モリモトデザインオフィス
https://www.morimotodesign.com
※ホームページでは、お客様の視点に立った様々な気づきのポイントを公開しています。

ＰＯＰのお悩み解決します
すぐ書ける！「稼ぐＰＯＰ」のつくり方

2019年4月23日　初版発行

著　者　——　森本　純子
発行者　——　中島　治久
発行所　——　同文舘出版株式会社
　　　　　　　東京都千代田区神田神保町1-41　〒101-0051
　　　　　　　電話　営業 03（3294）1801　編集 03（3294）1802
　　　　　　　振替 00100-8-42935　http://www.dobunkan.co.jp

©J.Morimoto
印刷／製本：萩原印刷

ISBN978-4-495-54030-2
Printed in Japan 2019

JCOPY 〈出版者著作権管理機構 委託出版物〉
本書の無断複製は著作権法上での例外を除き禁じられています。複製される場合は、そのつど事前に、出版者著作権管理機構（電話 03-5244-5088、 FAX 03-5244-5089、 e-mail: info@jcopy.or.jp）の許諾を得てください。

仕事・生き方・情報をサポートするシリーズ
あなたのやる気に1冊の自己投資！

売れる！楽しい！
「手書きPOP」のつくり方

POPづくりがもっと楽しくなるコツを事例と共に紹介！

増澤 美沙緒著／**本体 1,500円**

初心者でも、文字・イラストが苦手でも、「できた！ 売れた！ 楽しい！」に変わるPOP作成術。お客さまの「欲しい」につながる伝え方・目立たせ＆デコりテク、活用方法などアイデアが満載！

売上3倍・利益10倍に伸ばす戦略
「ギフト商品」を通販で売る

ギフト市場は10兆円を超える巨大なマーケット

園 和弘著／**本体 1,700円**

「値段が安いから買う」ことがない。複数購入されやすい。母の日、中元・歳暮、クリスマス、誕生日など、「ギフト」なら、売上・利益がつくりやすい！　中小企業の"ネット通販・勝ち残り策"。

「販売は楽しい！」を実感する
売れる販売員の新しい習慣

ものが売れない時代だからこそ、販売は面白い！

柴田 昌孝著／**本体 1,500円**

売上を追うと、売上が逃げる。売上とは、お客様を幸せにする、お客様のお役に立つことの副産物です。売れない時代こそ販売員の時代。販売のやりがいと楽しさ両方を手に入れる新習慣を解説。

同文舘出版

本体価格に消費税は含まれておりません。